INHALT

Entdecken Sie Rügen!

Deutschlands größte Insel bietet eine Landschaft wie aus dem Schatzkästlein der Natur

Die größte deutsche Insel dürfte auch die schönste sein. Keine andere kann mit solch vielfältiger Landschaft aufwarten: flache Sandstrände und steile Hochufer, zerklüftete Bodden und dunkle Buchenwälder, stille Seen und weite Felder. Rügen – ein Naturparadies en miniature. Vom Arndt-Turm bei Bergen und vom Schinkel-Aussichtsturm des Jagdschlosses Granitz bietet sich die Insel wie ein großer naturbelassener Landschaftsgarten dar. Und das soll sie bleiben! Die letzte DDR-Regierung hat 1990 großräumige Schutzgebiete beschlossen, in denen sich die Natur weitgehend frei entfalten und selbst regulieren soll. Die westrügenschen Boddengewässer mit ihren kleinen Inseln und Hiddensee gehören zum Nationalpark Vorpommersche Boddenlandschaft, die Steilküste zwischen Sassnitz und Lohme mit den berühmten Kreidefelsen sowie der Buchenwald der Stubnitz zum Nationalpark Jasmund. Der südöstliche Teil mit der Halbinsel Mönchgut und der Insel Vilm wurde in das weltweit angelegte Netz der Unesco-Biosphärenreservate eingegliedert. Weitere große Teile Rügens kommen zum entstehenden Naturpark Rügen. In Sellin beginnt die vom ADAC initiierte Deutsche Alleenstraße, die als grünes Band Rügen mit dem Bodensee verbindet.

Der Rügendamm verbindet die Insel seit 1936 mit dem Festland. Einige Male am Tag aber, wenn sich die Ziegelgrabenbrücke des Dammes hebt, wird Rügen für kurze Zeit wieder eine richtige Insel, »wo der stille Ernst des Meeres von den freundlichen Halbinseln und Tälern, Hügeln und Felsen auf mannigfaltige Art unterbrochen wird«. So beschrieb der Maler Philipp Otto Runge die Schönheit Rügens in einem Brief an Goethe. Auch Ludwig Gotthard Kosegarten, Adelbert von Chamisso und Wilhelm von Humboldt schwärmten wortreich von Rügen, andere zog es mit Skizzenblock und Staffelei hierher, so den großen Romantiker Caspar David Friedrich. Johannes Brahms vollendete in

Das idyllische Moritzdorf mit seinen vielen reetgedeckten Häusern

Sassnitz (wohl vom Meeresrauschen inspiriert) seine Erste Sinfonie in c-Moll, und der große Erzähler Theodor Fontane ließ seine Effi Briest nach Rügen zur Erholung reisen.

574 km mißt die zerklüftete Küste der Insel, kein Ort liegt weiter als 7 km vom Wasser entfernt. Das Meer und die rauhe Landschaft haben die Menschen der Insel geprägt, die sich als Rüganer bezeichnen. Vorschnelle Worte mögen sie nicht, alles wird gelassen angegangen, und bestimmt werden auch Sie zu hören bekommen: »Dat geit all nich so fix.« Hinter der rauhen Schale verbergen sich aber zuverlässige und hilfsbereite Menschen, vor allem gute Gastgeber.

Rügens Karriere als Badeinsel leitete Fürst Wilhelm Malte I. zu Putbus ein. Nach dem Vorbild von Heiligendamm, Deutschlands erstem Seebad, eröffnete er 1816 in Lauterbach die erste Badesaison, zwei Jahre später ließ er ein prachtvolles Badehaus errichten, das noch heute Bewunderung erweckt. Lauterbach liegt aber am Bodden, der nur mit sanftem Wellenschlag aufwarten kann. Baden in der Ostsee wurde Mode, Sassnitz entwickelte sich ab 1860 zum führenden Badeort Rügens, Binz mit seinem herrlichen Strand überflügelte es aber schon bald.

Die Zierde der Badeorte bildet bis zum heutigen Tag die Bäderarchitektur. Baukünstler aus den verschiedensten Gegenden Deutschlands brachten zu Kaisers Zeiten ihre Bauweise und Einflüsse aus griechischen und italienischen Badeorten mit: verschnörkelte Türmchen, reich verzierte Balkone und Veranden aus Holz und Eisen. Der Glanz der in gestalterischer Vielfalt erbauten Villen und Pensionen verkam in der DDR-Zeit, längst ist er aber wieder aufpoliert. Wiederentstanden sind in Binz, Göhren, Sassnitz und Sellin die Seebrücken. Meist sind es jedoch mehr Stege als Brücken, lediglich die in Sellin erinnert sehr an ihren berühmten Vorgängerbau.

Die touristische Entwicklung Rügens ist noch nicht abgeschlossen. Angestrebt wird, die Insel zu einem ganzjährigen Urlaubsziel zu machen, doch dazu fehlt es noch an Erlebnisbädern, an Sporthallen und anderen Freizeiteinrichtungen. Hotels sind in den

Naturschutzgebiet Dünenheide auf der Insel Hiddensee

letzten Jahren unzählige entstanden, zu viele, wird oft gesagt. Dem Bauboom wird nun Einhalt geboten, denn es gibt klare Festlegungen: Die Bettenkapazität soll sich 1 zu 1 zur Einwohnerzahl verhalten. Rügen hat gegenwärtig etwas über 60 000 Betten sowie Stellplätze für Zelte und Wohnmobile, die Einwohnerzahl beträgt etwa 77 000. An touristischen Großprojekten werden nur noch die in Planung befindlichen entstehen, darunter die Ferienanlage auf der Halbinsel Bug bei Dranske. Vorrang hat der qualitative Ausbau der vorhandenen Einrichtungen, nur noch dieser wird mit öffentlichen Geldern gefördert. Rügen soll nicht weiter zugebaut werden, es soll seine verträumten Fischerdörfer und Großsteingräber, seine Alleen und seine Pensionen im Stil der Bäderarchitektur behalten.

Seit dem vorigen Jahrhundert schnauft der Rasende Roland vom klassizistischen Putbus durch die Wälder der Granitz nach Göhren. Besonders im Herbst ist die Fahrt in dem kohlebefeuerten Zug romantisch, wenn die Abendnebel aus den Bodden und Wieken aufsteigen. Oder im Winter, wenn Rauhreif die Bäume überzieht. Im Spätsommer zeigt sich die Insel von ihrer schönsten Seite. Dann leuchten die Hagebutten rot, die Heide präsentiert sich lilafarben, und den Herthasee und Schwarzen See umgibt himmlische Ruhe. Nur auf der Halbinsel Wittow und auf Ummanz geht es in diesen Wochen lebhaft zu. Tausende von Kranichen und Wildgänsen sammeln sich dort, bevor sie in den sonnigen Süden weiterfliegen. Danach kommt der Winter mit seiner Beschaulichkeit und den manchmal hoch aufgetürmten Eisschollen am Strand.

Nicht viel hätte gefehlt, und ein Highlight Rügens wäre vor einiger Zeit abhanden gekommen: Kap Arkona mit dem Wall der slawischen Jaromarsburg und dem Schinkel-Leuchtturm. Vor dem Ersten Weltkrieg hatten die Portlandwerke das Nordkap erworben, um dort Kreide abzubauen. Im Wieker Hafen entstand eine große (als Ruine noch vorhandene) Verladebrücke. Die Einsprüche gegen das Vorhaben hatten Erfolg, Kap Arkona blieb erhalten.

Von den Leuchttürmen auf Deutschlands Nordkap reicht der Blick bis zur Insel Hiddensee, der kleinen Insel westlich von Rügen, von den Einheimischen liebevoll »dat söte Länneken« (das süße Ländchen) genannt. Der Schriftsteller Gerhart Hauptmann, viele Jahre Sommergast auf Hiddensee und auch dort begraben, äußerte 1899: »Hiddensee ist eins der lieblichsten Eilande, nur stille, stille, daß es nicht etwa ein Weltbad werde!« Mit der Jahrhundertwende begann zwar die touristische Zeit, doch Hiddensee konnte bis heute seine Beschaulichkeit bewahren: keine Tennisplätze und Minigolfanlagen, kein Hallenbad und keine Diskothek. Hiddensee soll Naturkleinod der Ostsee bleiben, Massentourismus wird auch in Zukunft nicht angestrebt.

Als Eiland von urwüchsiger Schönheit zeigt sich auch die Insel Vilm. Im 16. Jahrhundert wurde auf ihr zum letzten Mal Holz geschlagen, seitdem blieb der Wald sich selbst überlassen. Von zerstörerischen Eingriffen

Geschichtstabelle

um 600
Slawische Ranen kommen nach Rügen

1168
Eroberung der Jaromarsburg auf Arkona durch die Dänen, der Rügenfürst wird Vasall des Dänenkönigs

1370
Friede von Stralsund: Der Dänenkönig muß seine Vorherrschaft über den Ostseeraum aufgeben

1648
Schweden bekommt im Westfälischen Frieden Vorpommern mit Rügen, Hiddensee und Stralsund zugesprochen

1815
Das nördliche Vorpommern mit Rügen und Hiddensee wird preußisch

1816
Fürst Wilhelm Malte I. zu Putbus gründet Rügens erstes Seebad

1872
Nach einer schweren Sturmflut werden erste Teile des berühmt gewordenen Hiddenseer Goldschmucks gefunden

1898
Eröffnung der Post- und Passagierdampferlinie zwischen Sassnitz und Trelleborg (Schweden)

1945
Die Rote Armee besetzt die Insel, Aufteilung des Großgrundbesitzes in Neubauernstellen, Bildung des Landes Mecklenburg-Vorpommern

1952
Auflösung der Länder in der DDR; Rügen, Hiddensee und Stralsund kommen zum Bezirk Rostock

1986
Aufnahme des Fährbetriebes zwischen Neu Mukran und Klaipeda (früher Memel)

1990
Beitritt der DDR zur Bundesrepublik Deutschland am 3. Oktober; Rügen, Hiddensee und Stralsund gehören zum Bundesland Mecklenburg-Vorpommern

1995
In der Nacht vom 3. zum 4. November verwüstet die schwerste Sturmflut der letzten 40 Jahre große Küstenbereiche, die Landabbrüche betragen bis zu 10 m

1998
Die mit 394 m längste und schönste Seebrücke Rügens wird in Sellin eingeweiht

Ein Juwel der Bäderarchitektur: Kurhaus Binz, erbaut von 1906 bis 1908

stets verschont geblieben, wurde die Insel 1936 Naturschutzgebiet, später ein Ferienrefugium für Erich Honecker und andere Partei- und Staatsfunktionäre der DDR. Abgeschirmt von der Öffentlichkeit ließen sie elf reetgedeckte Ferienhäuser errichten.

Das Tor zu Rügen bildet Stralsund, eine Stadt voller kulturhistorischer Schätze an der Meerenge Strelasund. »Meerstadt ist Stralsund«, schrieb die Schriftstellerin Ricarda Huch, »vom Meer erzeugt, dem Meer ähnlich, auf das Meer ist sie bezogen in ihrer Geschichte.« Die Stadt gehörte zum Hansebund, das Bürgertum sonnte sich in Macht und Reichtum. Hoch ließ es die Türme der drei Stadtkirchen erbauen, allen voran St. Nikolai, in dem der Stadtrat Fürsten, Könige und andere Würdenträger empfing.

Rügen – Deutschlands schönste Insel, was macht ihren besonderen Charme aus? Auf dem Steilufer zwischen Wildrosen und Sanddorn wandern und sich vom Wind die Haare zerzausen lassen? Mit dem Fahrrad entlang wogender Getreidefelder und grüner Wiesen radeln und den Duft der Kamille atmen? Auf den Kurpromenaden spazieren, die Bäderarchitektur bewundern und in uralte Dorfkirchen schauen? Den Strand entlangbummeln, über urig geformte Findlinge steigen und im Seetang nach Bernstein stöbern? Oder faul im feinen Sand liegen, den Flug der Möwen verfolgen und dem Meeresrauschen lauschen? Eine Antwort auf unsere Fragen findet sich in einem Brief, den Preußens berühmtester Bildhauer, Karl Friedrich Schinkel, 1821 an den Bildhauer Christian Daniel Rauch schrieb. In ihm schwärmte er vom Meer, das er als »eine große Verschönerung aller Landschaften« bezeichnete und »in so origineller Form, wie es sich vor Rügen zeigt«, noch nirgend gesehen habe.

99 1782-4

Bernstein, Kraniche und der Rasende Roland

Von Bakenbergen, Findlingen und Seeräubern

Arndt, Ernst Moritz (1769–1860)
Einer der berühmtesten Söhne Rügens, nach dem das Museum in Garz und der Turm auf dem Rugard bei Bergen benannt sind. Aufgewachsen in ärmlichen Verhältnissen, setzte sich Arndt für die Bauernbefreiung ein. Er wurde in Groß Schoritz geboren, besuchte in Stralsund das Gymnasium und studierte an den Universitäten Greifswald und Jena. In Greifswald verlor er 1806 seine Professur, weil er offen gegen die napoleonische Fremdherrschaft auftrat. Unermüdlich bekannte sich Arndt, so als Abgeordneter 1848 in der Frankfurter Nationalversammlung, zur deutschen Einheit.

Bakenberg
Die Landkarte Rügens verzeichnet mehrere Bakenberge: am Nordstrand von Wittow (28m), bei Nardevitz auf Jasmund (111 m), nördlich von Vilmnitz (46 m) und bei Groß Zicker auf Mönchgut (65m). Die Erhöhungen erhielten ihren Namen von Baken, die einst der Seefahrt als Orientierungszeichen dienten. Nachts brannten auf den Bakenbergen Pechfeuer.

Seit Großmutters Zeiten gibt es den »Rasenden Roland«

Bernstein
Etwa 40 Mio. Jahre alt sind die kleinen weingelben bis rötlichen Stücke. Das Bernstein genannte erhärtete Harz vorzeitlicher Nadelbäume läßt sich bohren, sägen und schleifen, es brennt mit heller, stark rußender Flamme. In der Zeit des Barocks war Bernstein ein begehrtes Diplomaten- und Hochzeitsgeschenk der Fürstenhöfe. Bernsteinstücke mit eingeschlossenen Pflanzenresten oder Insekten, vornehmlich Fliegen und Mücken, werden als Inklusen bezeichnet. Durch sie wissen wir, welche Insektenarten vor Millionen Jahren in diesem Gebiet lebten. Nach Nordweststürmen ist Bernstein häufig im angespülten Seetang zu finden.

Fauna
Dorsch, Flunder und Hering fangen die Fischer vor allem in der

Typisch für Rügens Flora sind herrliche Alleenbäume

Ostsee. Anfang Mai auch den im Mittelmeer und Atlantik lebenden Hornfisch, der nur zum Laichen in die Ostsee kommt. Die Einheimischen nennen ihn auch Maifisch. Aus den Boddengewässern werden Hecht, Barsch, Aal und Zander geholt. Selten kommen noch Kegelrobben vor. Am Strand liegen die stark gerippten Schalen der Herzmuschel, der flachen, rosafarbenen Baltischen Plattmuschel und die der dünnwandigen, ovalen Sandklaffmuschel. Die schwarzen Schalen der Miesmuschel glänzen auf der Innenseite perlmuttartig. Charakteristischer Vogel der Küste ist die Möwe, besonders häufig kommt die am roten Schnabel erkennbare Lachmöwe vor. An der Steilküste von Jasmund brüten Mehlschwalben, auch der Fischadler hat auf Rügen Brutgebiete. Reh, Rotwild, Damwild und Wildschwein gehören zur Fauna Rügens.

Findlinge

Die Eiszeiten haben mächtige Felsbrocken hinterlassen, Findlinge genannt. Der größte Geschiebeblock Nordeuropas liegt 200 m nordöstlich vom Göhrener Strand im Meer. Der Buskam genannte Stein hat eine Größe von 600 m^3, sein Gewicht beträgt 1926 t. Die aus dem Meer herausragende Oberfläche besitzt einen Umfang von 40 m. Rügens zweitgrößter Findling ist mit 180 m^3 und 600 t Gewicht der Große Stein 300 m östlich von Nardevitz. An dritter Stelle rangiert der 65 m^3 große und 175 t schwere Stein von Blandow, der westlich von Lohme liegt. An vierter Stelle liegt der 61 m^3 große Siebenschneiderstein, dessen Gewicht 165 t beträgt. Er ist etwa 700 m nordwestlich von Kap Arkona zu finden. Den fünften Platz nimmt der 60 m^3 große und 162 t schwere Schwanenstein ein, der 250 m östlich der Hochufertreppe Lohmes aus dem Wasser ragt.

Flora

In der Stubnitz und Granitz gibt es noch natürliche Buchenwälder. Die Rotbuche, die kalkhaltige Böden liebt, hat im Laufe eines Jahrhunderts meist eine Höhe von 25 m erreicht. Einzelne am Strand stehende Kiefern, die Stürme eigenartig verformt haben, werden Windflüchter genannt. Auf der Schmalen Heide wächst die immergrüne Stechpalme. Bis zu 2 m hoch wird der Sanddorn, dessen orangerote Früchte sehr vitaminhaltig sind. Der Sanddorn steht unter Naturschutz wie auch der Meerkohl, eine bis zu 70 cm buschartig verzweigte Pflanze, und die bis zu 40 cm hoch werdende Stranddistel mit kugelartigen Blüten. Geschützt sind auch die 27 Orchideenarten, als deren schönste auf Rügen der Frauenschuh gilt, so genannt wegen seiner pantoffelartigen Blüte. Die Stubnitz gehört zu den besonders orchideenreichen Gebieten Norddeutschlands. Die Kiefernwälder auf dem Bug, der Schmalen Heide, der Schaabe und beim Bakenberg auf Wittow wurden vor der Jahrhundertwende als Forste angelegt. Im Sommer überspannen dichte Alleen die Straßen wie ein Tunnel.

Friedrich, Caspar David (1774–1840)

Der in Greifswald geborene bedeutende Maler der Romantik hat mit seinen Landschaftsbildern Rügen ins Licht der Öffentlichkeit gerückt. Zwischen 1801 und 1826 hielt sich Friedrich sechsmal auf der Insel auf. Sein um 1818 entstandenes Gemälde »Kreidefelsen auf Rügen« besitzt Weltruhm. Entgegen anderslautenden Behauptungen zeigt das Bild aber nicht die Wissower Klinken, sondern die Viktoria-Sicht. Das belegen eindeutig von Friedrich gefertigte Skizzen. Ein Vergleich ist aber heute nicht mehr möglich, denn die Natur hat in den vergangenen zwei Jahrhunderten unablässig an der Kreideküste modelliert. Die bekanntesten Bilder von Friedrich hängen in Kunstmuseen in Dresden, Hamburg, St. Petersburg und Kopenhagen.

Grümbke, Johann Jacob (1771–1849)

Der Begründer der rügenschen Heimatforschung hat fast alle Dörfer, Erhebungen und Hünengräber beschrieben. Seine beiden über Rügen verfaßten Werke sind noch heute lesenswert: »Streifzüge durch das Rügenland« (1805) und »Neue und genaue geographisch-statistisch-historische Darstellung von der Insel Rügen und dem Fürstenthume Rügen« (1819). Der in Bergen geborene und dort verstorbene Grümbke war eng mit Ernst Moritz Arndt befreundet. Beide besuchten gemeinsam das Gymnasium in Stralsund.

Hanse

Stralsund besann sich nach der Einheit seiner Traditionen und nennt sich seitdem offiziell Hansestadt. Mit dem ersten allgemeinen Hansetag 1356 in Lübeck begann die Entwicklung der Städtehansa. 1370 versammelten sich im Stralsunder Rathaus Vertreter der Hansestädte und zwangen den dänischen König im Frieden von Stralsund, seine Vormachtstellung aufzugeben. Im 14. und 15. Jh., als die mächtige Fernhandelsvereinigung auf dem Höhepunkt ihrer Macht war, zählte sie etwa 130 Städte als Mitglieder. Der letzte Hansetag fand 1669 statt.

Hiddenseer Goldschmuck

1872 und 1874 wurde bei Neuendorf der berühmt gewordene

Hiddenseer Goldschmuck gefunden. Bis heute blieb ungeklärt, ob die furchtbare Sturmflut von 1872 den Schmuck aus dem Sand freigespült hat oder ob er von einem gestrandeten Schiff stammt. Aus alten Akten geht hervor, daß die Teile zu unterschiedlichen Zeiten nach Stralsund gelangten. Dort verwahrt das Kulturhistorische Museum die Kostbarkeit im Tresor, gezeigt wird eine originalgetreue Nachbildung. Im Heimatmuseum in Kloster auf Hiddensee ist eine verkleinerte Nachbildung zu sehen.

Inselstatistik

Rügen hat eine Gesamtfläche von 926,4 km². Die Gesamtlänge der Küstenlinie mißt 574 km, die größte Ausdehnung von Nord nach Süd beträgt 51,4 km, die von Ost nach West 42,8 km. Die Insel hat 56 km Sand- und 27 km Naturstrand, die Strände an den Bodden messen 2,8 km. Rügen mit seinen 75 000 Einwohnern ist fast viermal so groß wie die Mittelmeerinsel Malta und zehnmal größer als Sylt. Die Größe der westlich vorgelagerten Insel Hiddensee beträgt 18,6 km², in der Länge mißt sie 16,5 km, die schmalste Stelle beträgt 125 m, die breiteste 3750 m. Die durch eine Brücke mit Rügen verbundene Insel Ummanz ist 19,7 km² groß.

Kosegarten, Ludwig Gotthard (1758–1818)

Der Pfarrer von Altenkirchen wurde durch seine Uferpredigten für die Fischer und die auf seine Initiative hin errichtete Kapelle in Vitt bekannt. Kosegarten, zu seiner Zeit ein vielgelesener Schriftsteller, stand im Briefwechsel mit Goethe, Schiller und Herder. Goethe schickte er nach Weimar mehrmals Versteinerungen und Mineralien von Rügen. Ab 1808 wirkte Kosegarten als Geschichtsprofessor an der Universität Greifswald; begraben liegt er neben der Kirche in Altenkirchen. Goethe verfaßte für den Grabstein einen Vers, der den Angehörigen aber offensichtlich nicht zusagte und deshalb auf dem Stein nicht zu lesen ist. Er lautet:

»Laßt nach vielgeprüftem Leben
Hier den edlen Pilgrim ruhn
Ehrt sein Wollen und sein Streben
Wie sein Dichten und sein Tun.«

Kraniche

Bis zu 50 000 Kraniche rasten jeden Herbst mehrere Wochen auf der Halbinsel Wittow und der Insel Ummanz, bevor sie nach Nordafrika weiterfliegen. Bei der Rückkehr aus den Winterquartieren werden nur kurze Pausen auf Rügen eingelegt. Der Graue Kranich, die einzige in Deutschland vorkommende Kranichart, kann bis zu 1,25 m Größe erreichen, seine Flügelspanne beträgt bis zu 2,45 m. Der etwa 25 Jahre alt werdende Vogel ist äußerst scheu, kann sehr gut sehen und hören. Sein schmetternder Ruf ist oft über 2 km zu hören. Durch Lebensraumzerstörungen sind die Kraniche bedroht.

Kreide

»Weißes Gold« sagen die Rüganer zur Kreide, die seit dem vorigen Jahrhundert auf ihrer Insel abgebaut wird. Die erste Schlämmerei nahm 1845 den Betrieb auf. Vor allem bei Sassnitz entstanden zahlreiche Tagebaue, mit Beginn des 20. Jhs. begann die industrielle Verarbeitung. Bis zu 500 000 t wurden jährlich auf Schiffe verladen und weithin verschifft. Auch in unseren Tagen benötigt die chemische und pharmazeutische Produktion Kreide. Die Rüganer haben in jüngster Zeit wieder die Heilwirkung ihrer Kreide entdeckt. Mehrere Hotels bieten Anwendungen mit »Original Rügener Naturheilkreide« an. Rheumatische Beschwerden, Gelenkentzündungen sowie nervöse und organisch bedingte Verspannungen sollen damit gelindert werden. Kreidepackungsbäder wirken entschlackend, pflegen die Haut und fördern die Durchblutung. Die Kreide Rügens besitzt eine feine Körnung, ist von reinweißer Farbe, geruchlos und besitzt eine feincremige Struktur. Die Kreide, die einem Erdzeitalter den Namen gab, besteht aus Gehäuseresten winziger einzelliger Meerestiere, die sich vor 60 bis 70 Millionen Jahren im Meer ablagerten und verfestigten.

Plattdeutsch

Ältere Rüganer sprechen untereinander noch oft Plattdeutsch. Binnenländern fällt es meist schwer, den Inhalt eines solchen Gesprächs zu verstehen. Nach dem Rückgang des Lateinischen war Plattdeutsch, auch Niederdeutsch genannt, vom 14. Jh. an in Norddeutschland die Verkehrssprache. Ab dem 16. Jh. nahmen der Adel und das Bürgertum das Hochdeutsche an, für dessen Verbreitung Martin Luther mit der Bibelübersetzung einen grundlegenden Beitrag leistete. Das in zahlreiche, landschaftlich gebundene Dialekte zerfallende Plattdeutsch blieb noch für Jahrhunderte Umgangssprache der einfachen Menschen.

Rasender Roland

24,2 km mißt die Schmalspurstrecke des Rasenden Roland von Putbus nach Göhren, so stand es Jahrzehnte in allen Reiseführern. Seit 1999 stimmt das nicht mehr, denn die Gleise wurden um etwa 2,6 km bis zum Hafen von Lauterbach verlängert. Der erste Zug schnaufte am 22. Juli 1895 in Putbus los, zunächst war Binz Endstation, 1899 schließlich Göhren. Das Rügener Schmalspurnetz war insgesamt 104,8 km lang. Von 1901 bis 1916 verkehrten von Binz nach Putbus »Theaterzüge«, die Urlauber von den Badeorten ins Theater und wieder zurück brachten. Dabei wurde sogar ein Speisewagen angehängt. Der Rasende Roland war die einzige Schmalspurbahn in Deutschland, in der während der Fahrt warmes Essen serviert wurde.

Rohrdach

Die Häuser der einfachen Menschen waren in der Vergangenheit fast nur mit Rohr gedeckt, niederdeutsch Reet genannt. Wer wohlhabend war und das auch zeigen wollte, ließ sich Ziegel auf das Dach legen. Das Rohr konnten die Fischer und Kleinbauern an den Boddengewächsen selbst ernten, für das Eindecken brauchten sie keine Handwerker. Heute ist es genau umgekehrt: Wer sein Haus mit Rohr decken läßt, muß schon etliches auf dem Konto haben, allein die Versicherungssumme beträgt wegen der erhöhten Brandgefahr ein Vielfaches der eines ziegelgedeckten Hauses. Wird

Qualitätsarbeit geleistet, hält so ein Reetdach länger als sechzig Jahre.

Rügendamm

Die einzige Festlandverbindung der Insel hat in den letzten Jahren ihre Kapazität erreicht. Im Schrittempo quälen sich, vor allem in den Sommermonaten, Tausende von Autos über den Damm. Eine zweite Rügenanbindung soll es bis zum Jahr 2005 mit Fertigstellung der neuen Küstenautobahn geben, ob Tunnel oder Brücke, ist noch nicht entschieden.

Am 5. Oktober 1936 brauste mit dem D 14 Berlin/Stockholm der erste Zug über den Rügendamm. Der eigentliche Damm mißt 1,8 km, dazu kommen die 140 m lange Ziegelgrabenbrücke zwischen Stralsund und der Insel Dänholm und die 540 m lange Strelasundbrücke, einst Europas größte durchgängig geschweißte Brücke. In den letzten Tagen des Zweiten Weltkrieges wurden die Brücken gesprengt, erst im Oktober 1947 war der Rügendamm wieder hergestellt. Zwischen 1990 und 1999 fanden umfangreiche Erneuerungsarbeiten statt, heute können die Züge wieder mit 120 km/h über den Damm fahren. Mehrmals am Tag wird die Ziegelgrabenbrücke für 20 Minuten geöffnet, um größeren Schiffen die Durchfahrt zu gewähren. Dann bilden sich lange Rückstaus. Wer sich nicht in diese Autoschlange einreihen möchte, nutzt die Glewitzer Autofähre.

Seegras

Vor der Küste Rügens existieren auf dem Meeresboden große Seegrasfelder. Starker Seegang reißt die bis zu zwei Meter lang werdenden Pflanzen los und treibt sie an Land. Dort türmen sie sich am Strand oft bis zu halbmeterhohen Wällen auf. An warmen Tagen beginnen die braunen Pflanzen zu verwesen, dabei verbreiten sie einen üblen Geruch. In vergangenen Zeiten haben Rüganer Matratzen mit getrocknetem Seegras gefüllt.

Störtebeker, Klaus (gest. 1401)

Zwölf Städte und Dörfer beanspruchen den legendären Volkshelden Klaus Störtebeker für sich, den Robin Hood der Ostsee. Einer der Sagen zufolge ist er in Ruschvitz auf der Halbinsel Jasmund geboren worden. Störtebeker war einer der Anführer der um 1400 in der Ost- und Nordsee operierenden Freibeuter. Während der Belagerung Stockholms durch die Dänen versorgten sie die Eingeschlosse-

Die Marco Polo Bitte

WWF

Marco Polo war der erste Weltreisende. Er reiste in friedlicher Absicht, verband Ost und West. Er wollte die Welt entdecken, fremde Kulturen kennenlernen, nicht zerstören. Könnte er heute für uns Reisende nicht Vorbild sein? Aufgeschlossen und friedlich sollte unsere Haltung auf Reisen sein. Dazu gehören auch Respekt vor Mensch und Tier und die Bewahrung der Umwelt.

nen von See aus mit Lebensmitteln, Viktualien, weshalb sie sich danach Vitalienbrüder nannten. Weil sie ihre Beute zu gleichen Teilen unter sich aufteilten, legten sie sich auch den Namen Likedeeler zu. 1401 wurde Störtebeker in Hamburg hingerichtet. Allein auf Rügen werden Störtebeker 18 Schlupfwinkel nachgesagt, darunter der Hafen von Ralswiek. Die Rüganer meinen noch heute: »Störtebeker is'n feinen Kirl. Arm Lüd hett he wat gewen, riek Lüd wat namen.« Die Störtebeker-Festspiele in Ralswiek erzählen jährlich eine mögliche Geschichte aus dem Leben des Volkshelden.

Strandkorb

Der zum Strandbild Rügens gehörende Strandkorb wurde 1882 in Rostock »erfunden«. Hof-Korbmachermeister Wilhelm Bartelmann hatte einer älteren rheumakranken Dame einen mit Markisenstoff überdachten Rohrstuhl als Windschutz gebaut. Der Siegeszug des Strandkorbs begann mit einer Annonce Bartelmanns am 14. Juni 1883 im »Allgemeinen Rostocker Anzeiger«: »Badegästen empfiehlt man Strandkörbe als Schutz gegen Sonne und Wind ...« Der erste zweiteilige Liegekorb kam um 1910 aus der Rostocker Werkstatt von Johann Falck.

Sturmfluten

Weht der Wind für mehrere Tage von West und Südwest, dann drückt er das Wasser in die östliche Ostsee. Wenn der Wind dann plötzlich wechselt und aus Ost oder Nordost bläst, werden die angestauten Wassermassen zurückgetrieben und führen zu Hochwasser. Oft steigt es auf über 250 cm über Normal und richtet Verwüstungen an. Bei der großen Sturmflut 1872 wurde Hiddensee durchbrochen, auf Rügen der Bug abgetrennt, und bei Juliusruh strömte das Wasser über die Dünen in den Breeger Bodden. Weitere große Sturmfluten gab es 1904, 1913, 1954, schwere Schäden richtete auch die jüngste in der Nacht vom 3. zum 4. November 1995 an.

Umweltschutz

An der Küste Rügens können Sie, das ergeben die entnommenen Wasserproben, bedenkenlos baden. Dennoch bleibt die ökologische Situation der Ostsee weiterhin alarmierend. Rund 200 Flüsse führen ihr nach wie vor reichlich Schadstoffe zu, der entstehende Sauerstoffmangel beeinträchtigt die Faune und Flora schwer. Vor allem große Fische und Meeressäuger leiden. Noch vor etwa 100 Jahren war die Robbenjagd an der Küste Rügens beliebt, heute gehört das Auftauchen einer Robbe zu den Seltenheiten. Gab es damals etwa 100 000 Kegelrobben, so sind es heute nur noch 5000. Um die ökologische Situation der Ostsee zu verbessern, haben die Anrainerstaaten 1992 ein »Internationales Ostseeaktionsprogramm« beschlossen. Es sieht vor, in den nächsten 20 Jahren u. a. die Schadstoffeinlässe gewaltig zu reduzieren. Für die Realisierung des Programms, an dem sich auch die Weltbank beteiligt, sind 36 Milliarden Mark vorgesehen.

Erste Ergebnisse sind zu verzeichnen, so ist der Gehalt von Schwermetallen heute kaum noch erwähnenswert.

Kak't Dösch un Rode Grütt

Fangfrischer Fisch nach Großmutters Rezepten bestimmt die Speisekarten

Favorit in den Küchen der Einheimischen ist der deftige geschmorte Schweinebraten mit Rotkohl, gefolgt von gepökelter Gänsekeule und Kalbsbraten mit Stachelbeeren. Das ergab die Umfrage einer großen Regionalzeitung. Und wo bleibt der Fisch? Der stellt, weil selbstverständlich, für die Menschen an der Küste nichts Besonderes dar. Dorsch, Zander, Hecht und Aal schwimmen in der Ostsee und den Boddengewässern reichlich. Die Restaurants bieten fangfrischen Fisch variantenreich an, oft nach Großmutters Rezepten zubereitet, denn die Gastronomen wissen: Der Binnenländer möchte Fisch essen. Und so gibt es Aal grün, in Dillsoße oder auch mit Rührei, Aal gedünstet, Aal gebraten, Aal sauergekocht, Aal geräuchert... Vorzüglich schmeckt auch »Kak't Dösch« (gekochter Dorsch) mit Senfsoße. Probiert werden sollte eine Fischsuppe, für die besonders gern Hecht genommen wird. Soll das Essen mit regionalem Nachtisch enden, kommt nur »Rode Grütt« (rote Grütze) in Frage, die aus Fruchtsaft, Grieß oder Sago besteht und mit Vanillesoße serviert wird. Fragen Sie einen alten Seebären, was die Einheimischen an alkoholischen Getränken zum Essen mögen, lautet die verschmitzte Antwort gewiß: »Wat bruken wi Alkohol, solang wi Bier und Bramwin hewwen?« (Was brauchen wir Alkohol, solange wir Bier und Branntwein haben?)

Großen Aufwand treiben die Rüganer bei der Essenszubereitung nicht, sie mögen die einfache, kräftige und derbe Küche. Das war schon zu Zeiten von Ernst Moritz Arndt der Fall, der in seinen Jugenderinnerungen schreibt: »Umstände wurden nicht viel gemacht, Fische, Gefieder, Geräuchertes und Gesalzenes fehlten fast nirgends...« Möchten Sie den Einheimischen als guter Gast in Erinnerung bleiben, sollten Sie unbedingt die Worte beherzigen: »Man möt'n Löpel nich ihrer dalleggen, as bet man satt is« (Man soll den Löffel nicht eher hinlegen, als bis man satt ist.)

Im Hafen von Schaprode entschuppen Fischer ihren Fang: Dorsch, Hecht, Zander

ZUM KATEN
Rügener
sthandwerk

Vielgestaltiges »Strandgut«

Beliebte Mitbringsel sind das »Gold des Nordens«, Donnerkeil und Hühnergötter

Keiner muß ohne Mitbringsel nach Haus fahren, für jeden Geschmack und Geldbeutel liegt einiges bereit. Hoch in der Gunst steht das »Gold des Nordens«, der Bernstein, der schon den alten Römern sehr gefallen haben soll. Wer mehr ausgeben möchte, wählt eine Nachbildung des berühmten Hiddenseer Goldschmucks. Das Original hat vor tausend Jahren vermutlich eine nordische Fürstin getragen, die Hängekreuze (mit einem stilisierten Vogelkopf als Hauptmotiv) sind kaum länger als sechs Zentimeter. Verschiedene Goldschmiede bieten Verkleinerungen als Brosche, Anhänger oder Ring an. Schöne Keramiken entstehen in Breege, Göhren, Middelhagen und Waase auf Ummanz. Die Qualität lohnt den Preis. In Altenkirchen, Binz und Kloster auf Hiddensee verkaufen Maler ihre Bilder mit landschaftstypischen Motiven. Wenn Sie sich für ein Buddelschiff entscheiden, haben Sie etwas Maritimes erworben. In der Flasche, plattdeutsch Buddel, verbirgt sich ein maßstabgerechtes Schiffsmodell. Wie das Schiff durch den schlanken Flaschenhals kommt? Ganz einfach: Die Schiffsteile aus Holz und die Segel aus Papier werden mit Fäden zusammengenäht und als längliches Paket in die Flasche geschoben. Im Inneren richtet sich das Schiff durch Ziehen an den Fäden auf.

Die wertvollsten Souvenirs dürften aber jene sein, die bei Strandspaziergängen gefunden werden. Ausgefallene Muscheln beispielsweise und vor allem die Donnerkeil genannten versteinerten Skelettreste von urweltlichen Tintenfischen. Hühnergötter sagen die Einheimischen zu Feuersteinen mit einem oder mehreren Löchern. Wer einen solchen findet, kann ein Millionen Jahre altes Stück in sein Reisegepäck legen. Zum Shopping fahren Sie am besten nach Stralsund; soll es nur ein kleiner Bummel sein, genügen auch Bergen oder Binz.

Der »Katen« im traditionsreichen Ostseebad Sellin. Hier kann man eine reiche Auswahl an Rügener Kunsthandwerk finden – zu kleinen und großen Preisen: Keramiken, Handwebereien, Gemälde und Bernsteinschmuck

Piratenabenteuer und Sundschwimmen

Viele Feste auf Rügen haben eine jahrhundertealte Tradition

Unzählige Legenden ranken sich um den legendären Piraten Klaus Störtebeker, der mit seinen Vitalienbrüdern auch auf Rügen sein Unwesen getrieben haben soll. Auf der Ralswieker Freilichtbühne am Großen Jasmunder Bodden, mit 9000 Plätzen eine der ganz großen in Europa, stürzt sich der Robin Hood der Ostsee Jahr für Jahr in neue Abenteuer. Die Stücke erzählen eine möglich gewesene Geschichte aus dem 14. Jh. Musikalische Genüsse bieten die *Festspiele Mecklenburg-Vorpommern,* der *Musiksommer* sowie das *Putbus Festival* (1992 unter dem Namen Rossini Opern Festival gegründet). Es hat mittlerweile überregionale Bedeutung erlangt. Mit dem Theater, der Orangerie, der Christuskirche und dem Marstall gilt Putbus als Kulturmetropole Rügens.

Manches Fest hat eine lange Tradition, so die *Stralsunder Wallensteintage.* Sie erinnern an den 24. Juli 1628, als die Stralsunder den Truppen Wallensteins erfolgreich widerstanden. Dieses Volksfest fand in der Hansestadt bis 1943 regelmäßig statt, 1991 wurde die Tradition wieder belebt. Konzerte finden von Mai bis September, meist um 20 Uhr, in zahlreichen Kirchen statt. Die Einzelheiten können bei den Tourist-Informationen oder Kurverwaltungen erfragt werden.

Viele Seebäder veranstalten *Strand-, Fischer-* und *Neptunfeste,* aber auch Gemeinden im Hinterland warten mit interessanten Veranstaltungen auf. Sportlich Interessierte dürfte das *Sundschwimmen* anziehen. 1825 überquerten erstmals Schwimmer den Strelasund, seit den zwanziger Jahren wird der Wettkampf regelmäßig durchgeführt. Der Rekord für die 2,3 km lange Strecke liegt bei 28,0 Min.

Ein Riesenspaß:
die sommerlichen Neptunfeste, benannt nach dem Gott des fließenden Wassers

FEIERTAGE

Neujahr, Karfreitag, Ostermontag, 1. Mai *(Tag der Arbeit), Himmelfahrt, Pfingstmontag,* 3. Oktober *(Tag der Deutschen Einheit),* 31. Oktober *(Reformationstag), 1. und 2. Weihnachtsfeiertag.*

BESONDERE VERANSTALTUNGEN

Mai

Strandkorbfest. Großer Festumzug mit Strandkörben sowie viel Musik und Show *(Binz, Wochenende nach Himmelfahrt).*

Juni

Stralsunder Segelwoche. Regatten rund um Rügen und um Hiddensee mit Seglern vorwiegend aus Deutschland und den skandinavischen Ländern *(Stralsund, 1. Wochenende).*

Binzer Seebrückenfest mit großem Kulturprogramm und Markt *(Binz, ein Wochenende).*

Baaber Mittsommerfest. Frühschoppen, Handwerkermarkt, Kinderprogramm, Folklore *(Baabe, 3. Wochenende).*

Jazz-Blues-Soul-Festival. Beliebte Rhythmen und buntes Markttreiben in der Kirchenruine des Johannisklosters *(Stralsund, letztes Wochenende).*

Mai bis Juni

★ *Putbus Festival.* Das Musikereignis auf der Insel, in dessen Mittelpunkt der Italiener Rossini steht. Spielstätten sind Marstall, Theater, Christuskirche und der Park *(Putbus).*

Juni bis August

Die beiden großen Musikfestivals *Festspiele Mecklenburg-Vorpommern* und *Musiksommer Mecklenburg-Vorpommern* gastieren auch auf Rügen. Die Festspiele präsentieren vorwiegend internationale Stars, der Musiksommer vor allem einheimische Künstler.

Juni bis September

Vilmnitzer Sommerkonzerte. Kammermusik, Chor- und Orgelkonzerte; *Pfarrkirche St. Maria Magdalena in Vilmnitz (Do 19.30 Uhr).*

★ *Störtebeker-Festspiele.* Freiluftspektakel über das Leben des Robin Hood der Meere mit rund 130 Mitwirkenden, 20 Pferden, 4 Schiffen und einem Feuerwerk am Großen Jasmunder Bodden *(Ralswiek, ab Ende Juni Mo–Sa 20 Uhr).*

Juli

★ *Sundschwimmen.* Bedeutendstes deutsches Langstreckenschwimmen auf der 2,4 km langen Strecke von Altefähr auf Rügen zur Stralsunder Seebadeanstalt *(Stralsund, ein Wochenende am Anfang des Monats).*

Seebrückenfest. Buntes Programm mit Markttreiben *(Sellin, 1. Wochenende).*

MARCO POLO TIPS FÜR FESTE

1. **Putbus Festival**
   Anspruchsvolles Musikprogramm im Putbuser Marstall (Seite 24)
2. **Sundschwimmen**
   Deutschlands bedeutendstes Langstreckenschwimmen (Seite 24)
3. **Störtebeker-Festspiele**
   Zehn Wochen lang sechsmal in der Woche Geschichten vom Robin Hood der Ostsee (Seite 24)
4. **Kranichlauf**
   Volkssportfest auf Ummanz (Seite 25)

Das Theater von Putbus mit Portikus und Giebeldreieck

Rügener Hafentage. Volksfest mit viel Musik im alten Fährhafen *Sassnitz, 2. Wochenende).*

Stralsunder Wallensteintage. Zum Gedenken an den erfolgreichen Widerstand gegen die Truppen Wallensteins im Dreißigjährigen Krieg. Größtes historisches Volksfest in Mecklenburg-Vorpommern mit mittelalterlichem Markt, das mit dem »Hohnblasen« vom Turm der Nikolaikirche beginnt *(Stralsund, um den 24. Juli).*

August

Tage der Seeschiffahrt. Seefahrertradition wird lebendig angesichts der vielen Wasserfahrzeuge *(Stralsund, in der ersten Monatshälfte).*

Fischerfest. Viel maritime Musik *(Baabe, 3. Wochenende).*

Rügener Blues-Festival (Binz, Sellin, Baabe, Göhren, letztes Wochenende).

September

Kap Arkona Erntefest mit Bauernmarkt, Reiten und Kultur *(Putgarten, letzter Sa).*

Oktober

»Rügen im Kohlfieber« bietet in fast allen Restaurants neben Kohlgerichten auch viel Kultur *(in fast allen Orten ab Ende Sept.).*

★ *Kranichlauf* auf der Insel Ummanz. Volkssportfest mit 10 verschiedenen Läufen, für Kinder und Senioren gleichermaßen geeignet *(Anfang des Monats).*

autumnale nennt sich das »Internationale Herbstfestival Putbus«. Es bietet jährlich zu einem anderen Thema verschiedene Veranstaltungen wie Konzerte, Theater, Lesungen *(1. Wochenende).*

Tour d'Allée. Radwanderung mit berühmten Radsportlern, die sternförmig von verschiedenen Orten zum Ostseebad Binz führt *(Mitte des Monats).*

Schinkeltage, Sonderführungen, Vorträge und die Verleihung des Schinkelpreises *(Kap Arkona, 2. Wochenende).*

Dezember

Weihnachtsmärkte: Stralsund, Bergen, Binz, Sassnitz.

Bodden, Wieken und stille Dörfer

Herrliche Alleen mit Feldsteinpflaster führen zu großen und kleinen Sehenswürdigkeiten

Bodden und Wieken zerklüften die Küste von Zentralrügen, hier und dort sind Inseln vorgelagert. Am bekanntesten sind im Süden das Naturkleinod Vilm und im Westen Ummanz, im Frühjahr und Herbst Rastplatz ungezählter Kraniche und Wildgänse.

»Muttland« wird Zentralrügen volkstümlich genannt, die Menschen dort bezeichnen sich scherzhaft als Muttlänner. Im Plattdeutschen heißen die Mutterschweine nämlich Mutten, und da es in Zentralrügen viel Schweinezucht gab, kam es zur Bezeichnung Muttland. Überall gibt es zwischen dem Kubitzer- und dem Rügischen Bodden stille Dörfer mit reetgedeckten Häusern und uralten Kirchen. Völlig aus dem Rahmen fällt Putbus, der »weiße Traum«des Fürsten Wilhelm Malte I. Auf dem Reißbrett ließ er seine Residenz im klassizistischen Stil gestalten. Im nahen Lauterbach erinnert das schöne Badehaus an Rügens erstes Seebad. Ein Freiluftspektakel bieten die Störtebeker-Festspiele in Ralswiek: Fast zehntausend Zuschauer finden in der sanft ansteigenden Freilicht-

Der Besitzer von Schloß Ralswiek ließ 1907 die Schwedenkapelle erbauen

Übernachtungs- und Restaurantpreise

Übernachtungen
Kategorie 1: über 200 Mark
Kategorie 2: 140 bis 200 Mark
Kategorie 3: bis 140 Mark

Preis pro Nacht für zwei Personen im Doppelzimmer mit Dusche/WC und Frühstück in der Hochsaison

Restaurants
Kategorie 1: über 22 Mark
Kategorie 2: 15 bis 22 Mark
Kategorie 3: bis 15 Mark

Der Preis bezieht sich auf ein Hauptgericht, also ohne Vor- und Nachspeise und ohne Getränke.

MARCO POLO TIPS FÜR ZENTRALRÜGEN

1 **Theater Putbus**
Eine der schönsten Bühnen Deutschlands mit der Fürstenloge (Seite 33)

2 **Rasender Roland**
Kleinbahn mit fauchenden und pfeifenden Dampflokomotiven (Seite 34)

3 **Antwerpener Altar**
Kunsthistorisches Kleinod in der schlichten Dorfkiche von Waase (Seite 31)

4 **Nautilus**
20 000 Meilen unter dem Meer? U-Boot-Restaurant in Putbus (Seite 35)

bühne Platz. Bei gutem Wetter bietet sich vom Ernst-Moritz-Arndt-Turm bei Bergen ein schöner Ausblick über die Inselhauptstadt auf große und kleine Sehenswürdigkeiten. Am besten erkundet sich diese Landschaft mit weiten Feldern zu Fuß oder mit dem Fahrrad.

BERGEN

(112–113/C–D 4–5) Das Verwaltungs- und Geschäftszentrum Rügens bildet auch geographisch den Mittelpunkt der Insel. Von Bergen (16 800 Ew.) sind alle Sehenswürdigkeiten Rügens gut zu erreichen. Ihrem Namen wird die Stadt gerecht: Die Straßen steigen zum Markt hin an, und von dort geht es über die Vieschstraße weiter bergauf zum 91 m hohen waldbedeckten Rugard mit dem Ernst Moritz Arndt gewidmeten Aussichtsturm. Parkmöglichkeiten gibt es im Zentrum kaum, das Auto sollte deshalb am Stadtrand auf den unbewachten Parkplätzen Binzer Chaussee und Ringstraße abgestellt werden. Von dort sind es höchstens 10 Min. bis zum Markt mit dem ältesten, kürzlich sorgfältig restaurierten Fachwerkhaus der Insel. Die Inschrift lautet: »Erbaut nach dem großen Stadtbrand MD XXXVIII (1538)«. Bergen war bereits im 12. Jh. ein bedeutender Handelsplatz, auf dem Rugard residierten die Fürsten von Rügen.

BESICHTIGUNGEN

Billroth-Haus

In dem einstöckigen Haus kam 1829 Theodor Billroth zur Welt. Eine kleine Ausstellung informiert über den Begründer der modernen Bauchchirurgie. Das bronzene Medaillon wurde anläßlich des letzten Besuches von Billroth 1892 in Bergen angebracht. *Billrothstraße 17, geöffnet nach Anmeldung im Stadtmuseum*

Ernst-Moritz-Arndt-Turm

Die achtzig Stufen nach oben zu steigen lohnt: Der Blick von dem 27 m hohen Turm auf dem Berg Rugard ist phantastisch, er reicht bis zu den Kirchtürmen von Stralsund. Der Turm wurde als Denkmal für den Rüganer Ernst Moritz Arndt erbaut, finanziert aus Spenden des Volkes. Sogar Kaiser Wilhelm I. stiftete tausend Taler. *Mai–Okt. tgl. 10–18 Uhr*

Hängende Gärten
Ein wenig übertreiben die Bergener – doch auf die am Westhang des Rugard hochkletternde Gartenanlage sollte ein Blick geworfen werden. Bereits 1805 erwähnte der Heimatforscher Johann Jakob Grümbke in seinen »Streifzügen durch das Rügenland« die »originelle Lage der Gärten«. Besonders gut zu sehen sind die Hängenden Gärten vom Weg nordöstlich des Krankenhauses und südlich der Kirche.

Marienkirche
Das älteste erhaltene Gebäude der Insel; mit dem Bau begann Rügenfürst Jaromar I. bereits 1185. Der Grabstein in der westlichen Außenmauer neben dem Hauptportal soll der des Bauherrn sein. Die ornamentale Raumausmalung aus dem 13. Jh. wurde 600 Jahre später im historistischen Stil erneuert. *Mai–Sept. Mo–Fr 9–12.30, 14 bis 16 Uhr (Eingang an der linken Seite)*

MUSEUM

Stadtmuseum im Klosterhof
Die Geschichte Bergens wird anhand zahlreicher Dokumente belegt, Schwerpunkt der Ausstellung bildet die Klostergründung 1193. *Mo–Sa 10–16.30 Uhr, Klosterhof*

RESTAURANTS/CAFÉ

Café Meyer
Eis- und Kaffeespezialitäten, das Kuchenbüfett soll das umfangreichste der Insel sein, auch kleines Speiseangebot. *Dammstraße 1, Tel. 03838/ 223 32*

Vom Ernst-Moritz-Arndt-Turm auf dem Berg Rugard bietet sich ein einzigartiger Blick

Das Kontor
Mehrere Erlebnisbereiche, aufmerksame Bedienung, schmackhafte Küche. *Bahnhofstraße 6–7 (im Hotel Kaufmannshof), Tel. 03838/804 50, Kategorie 2*

Gastwirtschaft am Markt Bibo Ergo Sum
✝ Rustikale Kneipe mit deftiger und sehr preiswerter Kost sowie original böhmischem Schwarzbier. Do ab 22 Uhr Live-Musik. *Sa, So erst ab 18 Uhr geöffnet. Markt 14, Tel. 03838/25 22 59, Kategorie 3*

Puk up 'n Balken
In gemütlichen Nischen kommt manches auf den Tisch, das aus Großmutters Speisekarte stammt. *Bahnhofstr. 65 (in der Passage Am Brinken), Tel. 03838/ 25 72 73, Kategorie 2*

EINKAUFEN

Zum Shopping besucht man die Marktstraße und die Bahnhofstraße, oder man bummelt um den Marktplatz. Aquarelle, vorwiegend mit rügenschen Motiven, verkauft der Maler und Graphiker *Walter G. Goes, Bahnhofstr. 19.* Nachbildungen des Hiddenseer Goldschmucks und Bernsteinschmuck bieten die *Goldschmiedemeister Rainer Neitmann, Marktstraße 13,* und *Joachim Stoll, Bahnhofstraße 52,* an.

ÜBERNACHTUNG

Ratskeller
Zeitgemäße Ausstattung hinter historischer Fassade. *57 Zi., Am Markt 27, Tel. 03838/231 12, Fax 231 56, Kategorie 2*

Romantik Hotel Kaufmannshof
Das Haus versetzt Sie mit seinem historischen Interieur in alte Kaufmannszeiten. *18 Zi., Bahnhofstraße 6–7, Tel. 03838/804 50, Fax 80 45 45, Kategorie 2*

Treff Hotel Rügen
Neubau mit schick eingerichteten *154 Zi., Stralsunder Chaussee 1, Tel. 03838/81 50, Fax 81 55 00, Kategorie 1*

AM ABEND

Klassiker und Kultfilme stehen auf dem Programm von Rügens Großraumkino Cine Center. Die sechs Kinosäle sind mit bequemen Sesseln ausgestattet, vor dem Kino befinden sich etwa 600 kostenlose Parkplätze, *Ringstr. 140.*

Im Sommer finden in der Marienkirche kleine Konzerte statt, die Freilichtbühne präsentiert von Mai bis Okt. verschiedene kulturelle Veranstaltungen. ✝ Disko im *Vogelnest, Ringstraße (im City-Center).*

AUSKUNFT

Touristinformation
Am Markt 11, 18528 Bergen, Tel. 03838/25 60 95, Fax 25 60 96, e-mail stadt-bergen-auf-ruegen@mvnet.de.

ZIELE IN DER UMGEBUNG

Gingst **(111/F 3)**
In Gingst konzentrierte sich in den vergangenen Jahrhunderten das Rügener Handwerk. Über dreißig Berufe können Sie in den *Historischen Handwerkerstuben* kennenlernen, die zum Teil in einem Haus aus dem 17. Jh. Platz fanden. *Mai–Sept. tgl. 10 bis 17 Uhr, Okt. tgl. bis 16 Uhr, Nov. bis April Mo–Fr 10–16 Uhr.* Am Ostrand des Marktes steht die reich barock ausgestattete *Kirche St. Jakob.* Beliebt sind die von Juni bis Aug. dienstags stattfindenden Konzerte auf der 1790 von Christian Kindt gebauten Orgel; Kindt war Schüler des berühmten sächsischen Orgelbaumeisters Gottfried Silbermann. Die Plastik auf dem Markt erinnert an den Wiederaufbau des Dorfes nach dem Brand von 1950, bei dem rund vierzig Häuser von den Flammen vernichtet wurden. Zur Einkehr empfiehlt sich am Markt das *Restaurant Marktschenke, Okt.–April Mo, Di geschl., Tel. 038305/445, Kategorie 2*

Halbinsel Pulitz **(113/E 3–4)**
Wunderschöner naturnaher Wald, durch den man in aller Ruhe spazieren kann. Eine Lindenallee führt am Süd- und Ostufer entlang. Seeadler brüten gelegentlich auf Pulitz, der

Rotmilan fast ständig. Das teilweise dichte Unterholz bietet der Kleinvogelwelt ideale Lebensbedingungen. Schon 1937 wurde die Halbinsel im Kleinen Jasmunder Bodden zum Naturschutzgebiet erklärt. Die Zufahrt zur Halbinsel erfolgt über Buschvitz, dann geht es nur zu Fuß weiter. *Vom 15. Jan. bis 15. Juli für Besucher gesperrt.* Vom Restaurant des *Hotels Sonnenhaken* in Buschvitz (3 km von der B 96 entfernt) haben Sie freien Blick über den Bodden auf die Halbinsel Pulitz. *28 Zi., Grüner Weg 9, 18528 Buschvitz, Tel. 03838/ 82 10, Fax 82 11 99, Kategorie 1*

Insel Ummanz **(111/D-E 2-4)**
Für Naturfreunde der rechte Ort! Doch eine »richtige« Insel ist Ummanz seit 1901 nicht mehr: Eine 250 m lange Brükke verbindet das flache und fast baumlose 19 km² große Eiland mit Rügen. Bis in die Mitte unseres Jahrhunderts lebten die Menschen auf Ummanz in völliger Abgeschiedenheit. Und erst 1953 leuchteten in den oft reetgedeckten, einfach und bescheiden ausgestatteten Häusern elektrische Glühlampen auf. Die höchste Erhebung der Insel mißt nur 3 m, große Teile des Eilandes sind eingedeicht. Der Nordost- und Südteil von Ummanz gehören zum Nationalpark Vorpommersche Boddenlandschaft. Eine Überraschung birgt die *Dorfkirche* von *Waase* unmittelbar links hinter der Brücke: ★ einen um 1520 in Antwerpen erbauten, reichgeschmückten Altar. Das bedeutende Stück kaufte sich die

Gingst: im Museum »Historische Handwerkerstuben«

reiche Stadt Stralsund. 1808 kam der Altar in die Kirche der Insel Ummanz, die damals Stralsund gehörte *(Sommer Sa–Do 10–18 Uhr)*. Direkt an der Brücke die Pension und das Fischrestaurant *Holzerland* mit hauseigenem Bootsverleih. *10 Zi., Am Focker Storm 17, 18569 Waase, Tel. 038305/81 59, Fax 600 40, Kategorie 2.* Die *Hafflingerzucht Ummanz* in Waase, *Tel. 038305/556 04, Fax 553 11,* bietet geführte Ausritte, Kutsch- und Kremserfahrten sowie Reitunterricht und Besichtigung der Stutenmilchproduktion mit anschließender Verkostung.

Gebrauchskeramik mit landschaftstypischen Motiven stellt *Susan Schmorell* in *Wusse* her. Ein Kaminrestaurant mit regionaler Küche befindet sich in der einsam stehenden *Pension Zum Kranich* im Ortsteil Tankow: *(Jan. geschl.), 10 Zi., 18569 Waase, Tel. 038305/81 79, Fax 553 83, Kategorie 3*

Bei jungen Leuten und Familien wegen der moderaten Preise beliebt: *das Internationale Jugenddorf Ummanz* in Markow und Suhrendorf, *18569 Ummanz, Tel. 038305/81 07, Fax 81 36, Kategorie 3*

Lebbin und Liddow (108–109/C–D 5–6)

Zwei kleine Halbinseln zwischen Breetzer- und Lebbiner Bodden, Tetzitzer See und Neuendorfer Wiek, auf denen Sie im wahrsten Sinne des Wortes die Seele baumeln lassen können. Auf dem 43 m hohen Hügel Hochhilgor zwischen Neuendorf und Vieregge steht der hölzerne Grümbke-Aussichtsturm, der Blick reicht über die Boddenlandschaft bis nach Stralsund und Hiddensee. Kleine Hügellandschaften mit Wald und weite Felder sind charakteristisch für diese stille Ecke Rügens, in die Badebekleidung mitgenommen werden sollte. Denn nordöstlich von Vieregge gibt es einen etwa 100 m langen sandigen Naturstrand. Im Schilf zwischen Vieregge und dem Lebbiner Haken haben Möwen und Enten ihre Brutreviere. Eine seltene Flora besitzen die Salzwiesen auf der Halbinsel Liddow, zu der von Laase (einige Häuser östlich von Neuenkirchen) eine klapprige Holzbrücke führt. Im *Kultur-Gut Liddow* zeigen bildende Künstler in wechselnden Ausstellungen ihre Arbeiten, oft wird zu kleinen, intimen Literatur- und Musikveranstaltungen geladen. Informationen unter *Tel. 038309/84 41.*

Ralswiek (114/A 5)

Auf der Freilichtbühne am Großen Jasmunder Bodden besuchen *von Ende Juni bis Anf. Sept. von Mo–Sa* Tausende die Störtebeker-Festspiele. *Auskunft: Tel. 03838/ 311 00, Fax 31 31 92.* Oberhalb der Naturbühne steht das *Ralswieker Schloß* im Neorenaissancestil (keine Innenbesichtigung), das ein alter Park aus dem 18. Jh. umgibt. Der Schloßbesitzer Graf Douglas ließ 1907 auch die *Schwedenkapelle* erbauen, ein hölzernes Kirchlein wie aus dem Bilderbuch vor dem Ortseingang. Hunger und Durst stillt die neuerbaute Gaststätte und Pension *Zum Likedeeler, Am Bodden 21, 18528 Ralswiek, Tel. 03838/31 33 35, Fax 31 33 37, Kategorie 2.* Das Wassersport-Center am Hafen verleiht Boote und Wasserski, führt Boddenrundfahrten mit Motor- und Segelyachten durch und lehrt Sie segeln.

Samtens **(118/A 1)**
Die Fahrt in den unscheinbaren Ort 12 km südwestlich von Bergen lohnt wegen des Sport- und Freizeitzentrums *Tiet und Wiel.* Es bietet für jeden etwas: Tennis, Squash, Badminton, Klettern, Bowling, Kegeln, Tischtennis, Billard, Fitneß, Dancing und einen Schwimmbereich, ferner gibt es ein Restaurant und ein Hotel. *62 Zi., 18573 Samtens, Tel. 038306/22 20, Fax 222 15, Kategorie 2*

Schaprode **(111/D 1)**
Der Hafen von Schaprode ist bekannt als Rügens Tor nach Hiddensee. Den ganzen Tag über starten Personenfähren zum »stöten Länneken«. Wer vor der Abfahrt noch Zeit hat: Die Kirche gehört zu den besonders schönen und alten Rügens. Im Inneren verdienen Barockkanzel, spätgotische Triumphkreuzgruppe und barocker Altaraufsatz Aufmerksamkeit. Viel gelobt wird die Küche im *Country Line Hotel Zur alten Schmiede* im 2 km entfernten Ortsteil Poggenhof. Inhaberin Renate Becker-Barbrock bereitet ihren Gästen persönlich die Gaumenfreuden zu. *20 Zi., Poggenhof 25, 18569 Schaprode, Tel. 038309/ 21 00, Fax 210 43, Kategorie 1–2*

Schloß Granskevitz **(111/E 1)**
1805 schrieb Johann Jacob Grümbke, »... das Schloß Granskevitz, das von einem Wall umgeben ist, gleicht mit seinem Turm noch einer Ritterburg ...« Den Wall (mit Linden bestanden) und den markanten Treppenturm (mit einer Wendeltreppe im Innern) gibt es noch. Wer also eine Ritterburg sehen möchte, braucht nur nach Granskevitz zwischen Schaprode und Trent zu fahren. Seit 1993 präsentiert sich das Schloß in strahlendem Weiß.

PUTBUS

(119/D 1) ★ Die letzte planmäßig erbaute Residenzstadt Europas (5000 Ew.) entstand im Stil des Klassizismus. Mittelpunkt von Putbus bilden der runde, Circus genannte Platz und der rechteckige Markt, die beide eine schnurgerade Allee verbindet. Im Landschaftspark, an Größe und Baumbestand einer der bedeutenden Norddeutschlands, lustwandelten einst Könige, Kronprinzen, Großfürsten und Herzöge. Das schöne Residenzschloß steht nicht mehr – 1962 wurde es gesprengt und abgetragen. In den eingeschossigen Traufenhäusern der nördlich um den Stadtkern führenden August-Bebel-Straße waren zur Fürstenzeit Handwerker angesiedelt. Wegen seiner klassizistischen weißen Häuser, umgeben von einer herrlichen grünen Wald- und Wiesenlandschaft, wird das 1960 zur Stadt erhobene Putbus auch »die weiße Stadt auf der grünen Insel« genannt. Zu DDR-Zeiten sind nicht wenige der prachtvollen Gebäude verkommen, es wird wohl noch etliche Jahre dauern, bis Putbus wieder in altem Glanz erstrahlt. Bei Musikfreunden hat sich die Stadt mit dem Putbus-Festival einen Namen gemacht.

BESICHTIGUNGEN

Christuskirche
Wo vor 100 Jahren Orchester spielten, predigt heute der Pfarrer. Denn 1891/92 wurde der Kursaal

zur Kirche umgebaut. Der vorgesetzte, dreigeschossige Turm entstand im Stil eines italienischen Campanile, für die Kanzel diente die der Kirche Santa Croce in Florenz als Vorbild. Die Kirche steht zwischen Wildgehege und dem nördlichen Ende des Schwanenteiches.

Circus

Großer, kreisrunder, von repräsentativen Gebäuden umgebener Platz, den kleine Alleen wie eine Torte in gleich große Stücke teilen. In der Mitte erhebt sich ein schlanker Obelisk, der an die Ortsgründung 1810 erinnert. An der Ecke zur Alleestraße steht das Pädagogium, das 1836 als erste höhere Bildungsstätte Rügens eröffnet wurde.

Orangerie

Zu sehen sind die Ausstellungen »Romantiker auf Rügen, Hiddensee und Vilm«, »Architektur im Klassizismus« sowie eine Dokumentation zur Geschichte der Stadt Putbus. Der Neorenaissancebau soll nach Plänen von Preußens Stararchitekt Karl Friedrich Schinkel erbaut worden sein. Die beiden Löwen und die Kopie des sterbenden Galliers vor dem Eingang stammen vom abgetragenen Residenzschloß. *Okt.–April Di–So 11–16 Uhr, Mai bis Sept. tgl. 11–18 Uhr*

Schloßpark

☛ **Plan in der hinteren Umschlagklappe**

Unter Bäumen aus allen Erdteilen können Sie spazierengehen, die Wege sind fast 12 km lang. Botanische Seltenheiten in dem 75 ha großen Landschaftspark sind Ginkgobaum, Robinie, Tulpenbaum und Kanadische Hemlocktanne. Fürst Wilhelm Malte I. schaut in die Richtung, in der einst sein Schloß stand. Eins der Sockelreliefs des Denkmals zeigt den Baumeister Schinkel mit Plänen vom Jagdschloß Granitz. An den Standort des Schlosses erinnert die Pergola an der Ostseite des Schwanenteichs. Im Mausoleum stehen die Sarkophage von Angehörigen des Putbusser Fürstenhauses, die zwischen 1868 (Fürstin Wanda) und 1927 (Fürst Franz) verstarben.

Rasender Roland

★ Putbus ist der Heimatbahnhof der dampflokbetriebenen Schmalspurzüge. Eine Fahrt in der gemütlichen Bimmelbahn, die das ganze Jahr über täglich mehrmals in die Seebäder an der Ostküste schnauft, gehört zu den touristischen Attraktionen der Insel. *Auskunft: Tel. 038301/801 12, Fax 801 15*

Wildgehege

Rot- und Damwild leben in dem etwa 6 ha großen, jederzeit zugänglichen Wildgehege am Park,

Tarnname: Aktion Rose

Unter fadenscheinigen Begründungen wurden 1953 unzählige Hotel- und Pensionsbesitzer enteignet. Die Häuser erhielt der DDR-Gewerkschaftsbund FDGB, die Filetstücke vereinnahmte die SED-Staatspartei von Walter Ulbricht, den Erich Honecker 1971 ablöste. Nach dem Ende der DDR haben die meisten ihr Eigentum zurückerhalten und liebevoll restauriert und modernisiert.

das bis an die Alleestraße heranreicht, wie in der freien Natur. Von einem Rundwanderweg aus können die Tiere gut beobachtet und fotografiert werden.

MUSEUM

Rügener Puppen- und Spielzeugmuseum
Prall gefüllte Vitrinen mit Spielzeug aus vergangenen Zeiten, angenehm sitzt es sich im lichtdurchfluteten Museumscafé. *April–Okt. tgl. 10–17 Uhr, Nov. bis März Sa, So 11–16 Uhr, Kastanienallee (im ehemaligen Affenhaus)*

RESTAURANTS

Jägerhütte
Waidmännische Atmosphäre verbreiten Geweihe, ausgestopfte Greifvögel und Fenster mit Motiven aus Wald und Flur. Großes Angebot an Wildgerichten. *Am Tierpark, Tel. 038301/510, Kategorie 2–3*

Nautilus
★ Eine gastronomische Perle der Insel: Jules Vernes U-Boot-Restaurant in Realität, Erinnerung an den Hollywood-Streifen »20 000 Meilen unter dem Meer«. Nicht nur das Ambiente, auch die Küche und der Service stimmen. Wer länger bleiben möchte, bucht eins der 30 Zimmer – die allerdings sind modern eingerichtet. *Dorfstr. 117 im Ortsteil Neukamp, Tel. 038301/830, Fax 608 60, Restaurant Kategorie 2, Hotel Kategorie 3*

ÜBERNACHTUNG

Appartementhaus Putbus
Zwei ruhig gelegene Häuser mit 16 Apartments von 30 bis 53 qm (für 2 bis 6 Personen), kinderfreundliche Atmosphäre, behindertengerecht. *Berger Straße 3, Tel. 038301/81 50, Fax 815 33, Kategorie 2–3*

Wreecher Hof
Sieben Reetdachhäuser in einer Gartenanlage des 2 km entfernten Ortsteils Wreechen. Schwimmhalle, Sauna, Dampfbad, viel Platz zum Sonnen und ein Restaurant mit vielgerühmter Küche. *10 Zi., 27 Suiten, Kastanienallee, Tel. 038301/850, Fax 851 00, Kategorie 1*

AM ABEND

1821 hob sich zum ersten Mal der Vorhang im fürstlichen Theater. Der Zuschauerraum mit 244 Plätzen, in den letzten Jahren aufwendig restauriert, blieb bis heute nahezu unverändert. Nach umfangreicher Restaurierung wurde das klassizistische Haus im Mai 1998 wieder eröffnet. *Alleestraße 9a, Tel. Kartenservice 038301/808 30, Faxabruf für Spielplan, Sitzplan und Bestellformular 038301/808 38*

AUSKUNFT

Putbus-Information
Alleestr. 5, 18581 Putbus, Tel. 038301/431, Fax 870 59

ZIELE IN DER UMGEBUNG

Garz **(118/B 2–3)**
Rügens älteste Stadt (1900 Ew.), die bis heute ihren ländlichen Charakter bewahrt hat, erinnert mit dem *Ernst-Moritz-Arndt-Museum (Di–Sa 10–12, 13–17 Uhr, An den Anlagen)* an den größten Sohn der Insel. Geboren wurde Arndt im Gutshaus des 5 km ent-

Lauterbachs Badehaus – ein klassizistisches Meisterwerk

fernten Groß Schoritz **(118/B5)**. Dort ist eine kleine Arndt-Ausstellung zu sehen *(tgl. 8–18 Uhr)*. In Garz blieb von der slawischen Burg Charenza der mächtige Wall südlich des Museums stehen. Behaglich eingerichtete 10 Zimmer und gutbürgerliche Küche bietet das Hotel *Am Wiesengrund, Am Wiesengrund 23, 18574 Garz, Tel./Fax 038304/347, Kategorie 3*

Halbinsel Zudar (118/A-C 5-6)
Ein flaches Land mit wenig Häusern, aber vielen Wasservögeln. Anlegestelle der von Stahlbrode nahe der B96 kommenden Autofähre, die all jene nutzen, die das Nadelöhr Rügendamm meiden möchten. Östlich am Palmer Ort, Rügens Südspitze, kann gebadet werden. Als äußerst fischreich gilt die deshalb bei Anglern beliebte Schoritzer Wiek. Eine der besonders schönen Alleen der Insel beginnt hinter dem Dorf Zudar und führt nach Losentitz. Die Äste und Blätter der Sommerlinden mit einem Stammumfang von 2 m bilden im Sommer ein dichtes, tunnelartiges Dach. Im Landschaftspark Losentitz wachsen Sumpfzypresse, Ginkgo und Platane. Moritz von Dyke ließ in dem Park zwischen 1794 und 1811 über 130 verschiedene Gehölze anpflanzen. Bereits Johann Jacob Grümbke hatte von dem Park geschwärmt.

Insel Vilm (119/E-F 2)
Auf engstem Raum hält die Natur auf der 1 km² großen Insel eine vielgestaltige Flora bereit: Bis zu 500jährige alte Eichen und über 300 Pflanzenarten, darunter die seltene Stranddistel. Gänsesäger, Uferschwalben, Kormorane und viele andere Vogelarten haben Vilm zu ihrem Zuhause gewählt. Anfang des 16. Jhs. wurde auf der Insel zum letzten Mal Holz geschlagen. Von 1959 bis zum DDR-Ende war Vilm für die Öf-

fentlichkeit gesperrt, die DDR-Obrigkeit mit Erich Honecker an der Spitze hatte sich hier ein Ferienrefugium errichtet.

Heute ist die Insel Sitz der Internationalen Naturschutzakademie, einer Einrichtung des Bundesumweltministeriums. *Tgl. eine Führung (Dauer 2,5 Std.) für maximal 30 Pers., Anmeldungen bei Reederei Lenz, Tel. 038301/618 96, Fax 618 74. Rundfahrten um die Insel (Dauer 1,5 Std.) finden von Mitte April–Okt. vom Lauterbacher Hafen aus statt.*

Karnitz (118/B 1)
4 km nördlich von Garz entsteht Rügens erster Golfplatz. Auf 9 ha gibt es bereits einen Übungsplatz mit Driving Range, in Bau sind ein 9-Loch-Kurzplatz und ein 18-Loch-Turnierplatz. *Auskunft: Tel./Fax 038304/24 20.* Das Jagdschloß (keine Innenbesichtigung möglich) gehört wegen seiner aufwendigen neogotischen Fassade zu den schönsten Schloßbauten Rügens.

Lauterbach (119/E 1–2)
In den Sommermonaten fährt neuerdings die Kleinbahn Rasender Roland bis zum Lauterbacher Hafen. Hier starten die Fahrten zur Insel Vilm. Einen schönen Blick auf die Insel haben Sie vom *Hotel Clemens. 18 Zi., Dorfstr. 14, 18581 Lauterbach, Tel. 038301/613 80, Fax 613 81, Kategorie 2–3. 4 Ferienwohnungen* (18–40 m² für 2–4 Pers.) vermietet in einem neuerbauten Landhaus: *Gunter Reymann, Fischerweg 2c, Tel. 038301/870 87, Fax 870 88, Kategorie 2*

Das klassizistische Badehaus Goor von 1818, eines der architektonisch schönsten an der Ostseeküste, steht seit Jahren leer und wartet auf eine neue Nutzung. Gemütlich geht es in der Gaststätte *Zum Schwarzen Bären* zu. *Dorfstraße 8, Mai–Sept. tgl. ab 17 Uhr, Tel. 038301/216, Kategorie 3*

Prosnitzer Schanze (117/E 4)
Auf der kleinen Halbinsel Prosnitz ließ im Dreißigjährigen Krieg (1618–1648) der berühmte Feldherr Albrecht von Wallenstein eine Schanze errichten. Die Franzosen erkannten anderthalb Jahrhunderte später ebenfalls die strategisch günstige Lage und bauten sie zum »Fort Napoleon« aus. Von dort aus konnte hervorragend der Schiffsverkehr von und nach Stralsund beobachtet werden. Zur Schanze führt nur ein Feldweg.

Vilmnitz (119/E 1)
Die Dorfkirche mit ihrem kleinen Friedhof war bis zur Mitte des 19. Jhs. die Grabstätte des Putbusser Fürstenhauses. In der Familiengruft unter dem Chor stehen 27 Prunksärge, darunter der von Fürst Wilhelm Malte I. Die Gruft ist nicht zugänglich, durch ein kleines vergittertes Fenster an der Choraußenseite aber teilweise einsehbar.

Zirkow (113/F 5)
Ein reetgedecktes Bauernhaus von 1727 wurde in dem Dorf Zirkow zum *Museum.* Beachtlich, was an agrarhistorischem Gerät gezeigt wird. *April–Sept. tgl. 10–17 Uhr.* Im benachbarten *Rügenhaus* werden seit Mai 1998 Ökoprodukte der Insel sowie rügentypische Souvenirs angeboten. Regionale Gerichte stehen in der Gaststätte Dat Rügenhus auf der Karte. *Tel. 038393/309 44, Kategorie 2*

Im Oldtimer-Zug die Küste entlang

Traditionsreiche Seebäder mit kilometerlangen Sandstränden und Hotels in der berühmten Bäderarchitektur

Binz, Sellin und Göhren sind die bekanntesten oströgenschen Seebäder, sie bieten feinsandige, kilometerlange Strände und eine Fülle von landschaftlichen Reizen in der Umgebung. Die Granitz, eine bewaldete Hügelkette, ähnelt ein wenig den Mittelgebirgen. Die Buchenwälder reichen oft bis an die Steilküste heran. Auf der höchsten Erhebung Südostrügens, dem 107 m hohen Tempelberg, ließ Fürst Malte I. von Putbus das berühmt gewordene Jagdschloß Granitz errichten. Mit seinen vier zinnenbekrönten Ecktürmen und dem Schinkel-Aussichtsturm gleicht es einer mittelalterlichen Burg. Ein besonderes Vergnügen ist die Anreise dorthin mit der dampfenden Kleinbahn Rasender Roland. Man steigt an den Haltepunkten Jagdschloß oder Garftitz aus, von dort sind es noch 15 Min. zu Fuß. Der 1,5 km lange Mönchgraben nördlich des Ostseebades Baabe trennt die Granitz von der Halbinsel Mönchgut mit ihren tief eingeschnittenen Buchten, Steilküsten und Sandstränden. Ferdinand von Schill äußerte nach seinem Besuch Mönchguts, daß eine solche Seenlandschaft selbst »die gerühmtesten Küsten des südlichen Italien nicht haben«. Mönchgut gehört heute zu den wenigen Kulturlandschaften Deutschlands, die ihren ursprünglichen Charakter weitgehend erhalten konnten. Damit es die Trockenrasen, Wiesen, Äcker sowie die seltene Ufer- und Strandvegetation auch weiterhin gibt, wurde die Halbinsel in das 235 km² große Biosphärenreservat Südost-Rügen eingegliedert, eines der etwa dreihundert weltweit bestehenden Unesco-Schutzgebiete.

Am Strand von Binz: So läßt sich ein warmer Sommertag genießen

BAABE

(121/E3) Kleine Hotels und Pensionen sind typisch für das von Laub- und Nadelwald umschlossene Seebad (800 Ew.). Eine breite Allee führt schnurgerade zum Strand, die 3 km lange Strandpromenade verbindet Baabe mit dem Nachbarort Göhren. Auf der Dorf- und der Bollwerksstraße gelangen Sie in den alten Dorfkern mit zahlreichen reetgedeckten Fischerhäusern, darunter das efeuumrankte Zuckerhuthaus (17. Jh.), *Birkenallee 2.* Wenn Sie am Waldrand weitergehen, gelangen Sie zur Moritzburger Beek, der an dieser Stelle nur 50 m breiten Verbindung zwischen Selliner See und Having. Baabe, das sich erst nach dem Ersten Weltkrieg zum Seebad entwickelte, empfiehlt sich für jene, die einen geruhsamen Urlaub mögen.

BESICHTIGUNGEN

Kirche

Ein Kurgast hat den Entwurf für die 1930 fertiggestellte Kirche geliefert: der Berliner Architekt E. Schmitt. An der Südostecke befindet sich eine Außenkanzel, von der noch nie gepredigt wurde. Sie soll an die Zeit erinnern, als die Gottesdienste in Baabe noch unter freiem Himmel stattfanden. Im Sommer sind oft kleine künstlerische Ausstellungen zu sehen, und es finden musikalische Veranstaltungen statt. *Juni–Sept. tgl. 9–19 Uhr, Strandstraße*

RESTAURANTS

Dorfkrug

Preiswerter Mittagstisch ab 8 Mark. Dorfstraße 9, Tel. 038303/860 64, Kategorie 3

Fischerstube

Der Name ist Programm: Angeboten wird, was die Fischer der näheren und weiteren Umgebung anlanden. Gemütlich sitzt es sich auch in der Weinstube. *Dorfstr. 2 (im Ostseehotel), Tel. 038303/873 18, Kategorie 2*

ÜBERNACHTUNG

Birkenhof

Ferienpension mit angenehm familiärer Atmosphäre, Sauna, Solarium. *20 Zi., Birkenallee 7, Tel. 038303/864 31, Fax 863 20, Kategorie 2–3*

Feriendorf Siesta

Preiswert, aber ohne großen Komfort: einfache Ferienhäuser mit Zimmern für 2 bis 5 Personen, Dusche/WC, zentral, im Kiefernwald, 200 m vom Stand entfernt. *20 Zi., Am Fuchsberg 26, Tel./Fax 038303/874 10, Fax 879 84, Kategorie 3*

Hotel am See

Rügens erstes Nichtraucherhotel! Am Selliner See in ruhiger Lage; *Rest. Mo geschl., 20 Zi., Seestraße 25, Tel. 038303/13 70, Fax 860 19, Kategorie 3*

Solthus am See

Nicht nur das jüngste, sondern auch das attraktivste Hotel von Baabe. In absolut ruhiger Lage am Bodden, Schwimmbad mit Sauna. *35 Zi., Bollwerkstr. 1, Tel. 038303/871 60, Fax 87 16 99, Kategorie 1–2*

Strandallee

Neue Pension mit 15 Ferienapartments und 16 Zimmern. *Strandstraße 18, Tel. 038303/14 40, Fax 141 44, Kategorie 2*

Strandpavillon

Komfortabel, 150 m bis zum Strand. *15 Zi., Strandstraße 37, Tel. 038303/183, Fax 860 01, Kategorie 1*

Villa Granitz

Neues Haus im Stil der klassischen Bäderarchitektur. *47 Zi.,*

Birkenallee 17, Tel. 038303/14 10, Fax 141 44, Kategorie 1–2

CAMPING

Campingzentrum
Im Kiefernwald hinter den Dünen mit 1,2 km langem Sandstrand; behindertengerecht. *April bis Okt., Mittagsruhe 13–15 Uhr, Tel. 038303/873 09, Fax 142 99*

SPIEL UND SPORT

2 km langer und bis zu 25 m breiter Sandstrand. Bootsverleih und Surfschule am Fischerstrand. Das Schwimmbad im Hotel Solthus am See steht gegen Gebühr auch Gästen zur Verfügung, die nicht im Hotel wohnen. Ab Bollwerk startet *von Mai bis Okt. tgl.* die MS Lamara zu zweistündigen Rundfahrten in den Rügischen Bodden bis zur Insel Vilm; es gibt einen separaten Nichtrauchersalon.

AM ABEND

Unter Deck
Maritime Bierbar, an kühlen Tagen gibt es zum Aufwärmen Grog und Glühwein. *Mo, Di geschl., Strandstr. 18, Tel. 038303/14 40*

AUSKUNFT

Kurverwaltung
Fritz-Worm-Straße 1, 18586 Ostseebad Baabe, Tel. 038303/14 20, Fax 142 99, e-mail:KV-Baabe@t-online.de

ZIEL IN DER UMGEBUNG

Moritzdorf **(121/D–E 3)**
Wenige Häuser am Fuße eines kleinen Berges und auf diesem die weithin bekannte Ausflugsgaststätte ★ *Moritzburg, nur Ostern bis Okt., Tel. 038308/252 84, Kategorie 2.* Eine imposante Aussicht auf Baabe, den Selliner See und die Having bietet sich süd-

MARCO POLO TIPS FÜR GRANITZ UND MÖNCHGUT

1. **Moritzburg**
Ausflugsgaststätte mit fangfrischem Fisch in Moritzdorf (Seite 41)
2. **Ostseebad Binz**
Bäderarchitektur an der Strandpromenade und in den Parallelstraßen (Seite 42)
3. **Feuersteinfelder**
»Steinernes Meer« wird dieses in Europa einmalige Naturschutzgebiet genannt (Seite 44)
4. **Jagdschloß Granitz**
Burgenähnliches Bauwerk mit einem Aussichtsturm (Seite 44)
5. **Mönchguter Museen**
Rookhuus, Motorsegler »Luise« und weitere Geschichtszeugnisse (Seite 47)
6. **Seebrücke Sellin**
Essen und trinken über den Ostseewellen im Palmengarten oder Kaiserpavillon (Seite 50)

lich der Gaststätte. Das Auto muß auf einem Parkplatz am Ortseingang stehenbleiben. Am Ende der schmalen Dorfstraße das neue familiengeführte Hotel *Moritzdorf* im rügentypischen Baustil. *20 Zi., 18586 Moritzdorf, Tel. 038303/186, Fax 187 40, Kategorie 2–3.* Wer von Baabe nach Moritzdorf möchte, muß sich einem kleinen, von Hand betriebenem Fährboot anvertrauen, Fährverkehr besteht auch vom Selliner Bollwerk.

BINZ

☛ **Stadtplan in der hinteren Umschlagklappe**

(**120/C 1–2**) Rügens größtes Seebad (6000 Ew.) – und einst das mondänste Deutschlands – liegt herrlich im Talkessel zwischen Prorer Wiek und Schmachter See. Binz wartet mit feinsandigem Strand, schönen Buchen- und Kiefernwäldern sowie Pensionen und Hotels im Stil der Bäderarchitektur auf. »Nizza des Ostens« oder »Sorrent des Nordens« wurde Binz in den zwanziger Jahren wegen seiner herrschaftlichen Bauten genannt, von denen die meisten die Zeit überdauerten. Die wiedererrichtete Seebrücke ist mit 370 m die längste auf Rügen. Wer gesehen werden möchte, flaniert am Abend die 4 km lange Strandpromenade mit ihren zahlreichen Cafés und Restaurants entlang. Langeweile braucht in Binz auch an Schlechtwettertagen nicht aufzukommen: Das sportliche und kulturelle Angebot ist größer als anderswo auf Rügen. Der Bahnhof für die Kleinbahn wurde 1895 erbaut, der für die Normalbahn erst 1938; Binz ist Rügens einziges Ostseebad mit Intercity-Verbindung.

BESICHTIGUNGEN

Bäderarchitektur

★ Bäderarchitektur in ihrer schönsten Ausprägung: In dieser Fülle besitzt sie kein anderer Ort Rügens. Die meisten Hotels und Pensionen mit reich gegliederten Fassaden und Erkern sowie vorgelegten hölzernen Galerien wurden zwischen 1890 und 1910 gebaut. Englische Brighton-Atmosphäre vermittelt das 1906 bis 1908 nach einem Entwurf Otto Spaldings entstandene dreiflügelige Kurhaus an der Strandpromenade. Weitere Beispiele der Bäderarchitektur sind in der Hauptstraße, der Dünen-, Elisen- und der Putbusser Straße zu finden.

Glasbläserei Binz

Das flüssige Glas aus dem Schmelzofen wird kunstvoll geformt, geblasen und gezogen. *Tgl. 10–13, 14–19 Uhr, Schillerstr. 11*

MUSEEN

Historisches Binz-Museum

In sechs Räumen wird die Zeit von Ende des 19., Anfang des 20. Jhs. lebendig. *Zeppelinstr. 8 (in der Villa Odin), tgl. 10–18 Uhr*

Fälschermuseum

Die 100 berühmtesten Gemälde sind ausgestellt, handgemalt von den besten Fälschern der Welt. Alle sind käuflich zu erwerben, doch unter 5000 Mark ist man nicht dabei. *Margaretenstr. 20 (in der Galerie Jahreszeiten), tgl. 10–18 Uhr*

RESTAURANTS

Binzer Bierstuben

84 Gerichte sind im Angebot, darunter auch etliche der regio-

nalen Küche. Dosenkost gibt es hier nicht. *Bahnhofstraße 2 (im Hotel Granitz), Tel. 038393/2678, Kategorie 2*

IN-Restaurant

Pommersche, deutsche und internationale Küche, solide und preiswert, *Wylichstraße 9, Tel. 038393/31986, Kategorie 2*

Poseidon

Die große Auswahl an Fisch- und Wildgerichten in guter Qualität hat sich herumgesprochen. Möchten Sie nicht hungrig von dannen ziehen, sollten Sie vorher einen Tisch reservieren. *Lottumstraße 2, Tel. 038393/2669, Kategorie 1*

Titanic

Gerichte, die es auf dem legendären Kreuzfahrtschiff gab, übernommen von alten Speisekarten oder von Berichten geretteter Passagiere. Auf der Speisekarte sind sie mit dem Serviettenring der White-Star-Linie gekennzeichnet. *Schillerstr. 15, Tel. 038393/1350, Kategorie 2*

EINKAUFEN

In der zum Strand führenden *Hauptstraße* befinden sich die meisten Geschäfte. Bernsteinschmuck gibt es in der *Nr. 16* und maritime Mitbringsel nebenan in der *Nr. 18*. Eigene Aquarelle und Ölbilder mit Rügenmotiven verkauft die Malerin *Renate Hofmann, Sonnenstraße 1* (in ihrer Pension Im Schwedischen Hof). Frischen und geräucherten Fisch (auch Imbiß) gibt es bei Fischer *Jürgen Kuse* am südlichen Ende der Strandpromenade – der Rauch der Räucheröfen weist den Weg.

ÜBERNACHTUNG

In Binz führt eine farbige Hotelleitlinie zur Urlaubsunterkunft, die jeweilige Farbe finden Sie auf der Reservierungsbestätigung.

Am Meer

Eins der schönsten Badehotels Deutschlands. *60 Zi., behindertengerecht, Strandpromenade 34, Tel. 038393/440, Fax. 44444, Kategorie 1–2*

Dünenpark Binz

Neue Ferienanlage mit 304 Apartments in unmittelbarer Nähe der Prorer Wiek; ein Sole- und ein Thermalbad sollen in den nächsten Jahren dazukommen. *Dollahner Straße, Tel. 038393/480, Fax 48999, Kategorie 1–2*

Haus am See

Liebenswerte Pension am ruhigen Ufer des Schmachtersees. Wer die Morgensonne liebt, bucht die Zimmer 1, 2, 7, 8, wer die Abendsonne mag, läßt sich Zimmer 6, 13, oder 14 reservieren. Insgesamt 20 Zimmer und Apartments. *Schmachterseestraße 5, Tel. 038393/4200, Fax 42024, Kategorie 1–2*

Im Schwedischen Hof

Kleines Komforthotel, bestehend aus drei Landhäusern im schwedischen Stil, ruhige Lage. *30 Zi., Sonnenstraße 1, Tel. 038393/2549, Fax 32315, Kategorie 1*

Vier Jahreszeiten

Exklusives Haus in ruhiger Lage, Zimmer mit italienischen Stilmöbeln; Schwimmbad, Sauna, Solarium, Fitneßraum. *66 Zi., Zeppelinstraße 8, Tel. 038393/500, Fax 50430, Kategorie 1–2*

Villa Schwanebeck
Persönliche Atmosphäre, 2 Min. bis zum Strand. *17 Zi., Margaretenstraße 18, Tel. 038393/20 13, Fax 317 34, Kategorie 2*

Vineta
Das vielseitige Angebot reicht vom einfachen Doppelzimmer über Maisonettezimmer (unten wohnen, oben schlafen) bis zu Suiten; behindertengerecht. *38 Zi., Hauptstraße 20, Tel. 038393/ 390, Fax 394 44, Kategorie 1–2*

Jugendherberge
In Toplage hinter den Dünen, 1996/97 für 7,5 Mio. Mark komplett saniert. *143 Betten, 5 Familienzimmer, Strandpromenade 35, Tel. 038393/325 97, Fax 325 96, Kategorie 3*

SPIEL UND SPORT

Breiter, steinfreier und flach abfallender Sandstrand. Das Erlebnisbad *Vitamar* fast am nördlichen Ortsende bietet auf 1500 qm Wasserrutschen, Erlebnisgrotten und vieles mehr. In der Binz-Therme sprudelt 30 Grad warmes Thermalwasser *(im Radisson SAS Hotel Binz-Therme Rügen).* Tennisplätze am Klünderberg. Von der Seebrücke starten Ausflugsschiffe u. a. zu den Kreidefelsen und zur Nachbarinsel Usedom.

AM ABEND

Um 18 Uhr öffnet die Bierkneipe *De Dör, Jasmunder Str. 4.* Tolle Cocktails werden in der Bar der *Villa Salve* gemixt, *Strandpromenade 41.* Und ab 22 Uhr geht es Mi bis So los in der Diskothek & Tanzbar *Goldener Löwe, Hauptstr. 22.*

AUSKUNFT

Kurverwaltung
Heinrich-Heine-Straße 7, 18609 Ostseebad Binz, Tel. 038393/ 306 75, Fax 306 76, e-mail: KV-Binz@t-online.de

ZIELE IN DER UMGEBUNG

Feuersteinfelder **(114/C 5)**
★ Einmalig in Europa: die Feuersteinfelder, bestehend aus vierzehn rund 25 m breiten und 3 m hohen Wällen. »Steinernes Meer« wird das Naturschutzgebiet genannt. Zwischen den grauweißen Steinen wachsen Bäume, Sträucher und Heidekraut, der Wacholder erreicht Höhen von 4 bis 6 m. Durch Sturmfluten wurden die Feuersteine vermutlich vor viertausend Jahren an den nördlichen Rand der Schmalen Heide angeschwemmt. Hinweistafeln am Zugangsweg informieren über Flora und Fauna. Parkplatz am südlichen Ortseingangsschild Neu Mukran, von dort 15 Min. Fußweg.

Jagdschloß Granitz **(120/C 2)**
★ Einer mittelalterlichen Burg ähnelnd thront das Jagdschloß auf dem Tempelberg. Fürst Wilhelm Malte I. ließ es 1836 für seine Gäste errichten. Zu sehen sind historische Salons und die Ausstellung »Hirsche der Welt«. Der nachträglich in den Innenhof gesetzte 38 m hohe Aussichtsturm stammt vom berühmten preußischen Baumeister Karl Friedrich Schinkel. Im Turm schraubt sich eine gußeiserne Wendeltreppe mit 154 Stufen nach oben. Der mühevolle Aufstieg lohnt sich: Der Blick reicht bis nach Stralsund und Hiddensee.

Aus 38 Meter Höhe ein Blick bis nach Stralsund: Jagdschloß Granitz

Die Anfahrt mit dem PKW ist nicht gestattet. Wer nicht laufen möchte, fährt mit dem Rasenden Roland bis zu den Haltepunkten Garftitz oder Jagdschloß oder in der warmen Jahreszeit von Binz mit dem kleinen Jagdschloß-Expreß direkt bis vor die Tür. Wer von anderen Badeorten mit dem PKW anreist, fährt bis zum Parkplatz in Neu-Süllitz (direkt an der Straße Serams–Binz), von hier bringt Sie die Jagdschloß-Bahn in 10 Min. zum Schloß. *Mai–Sept. tgl. 9–18 Uhr, Okt.–April Di–So 10 bis 16 Uhr*

Lancken-Granitz **(121/D 3)**

Der kleine Ort wurde bekannt durch Großsteingräber aus der Steinzeit. Aus tonnenschweren Steinen haben einige unserer Vorfahren vor viertausend Jahren ihre Grabanlagen errichtet. Hünengräber nennt sie der Volksmund, weil man meinte, nur Hünen (Riesen) wäre es möglich gewesen, solche gewaltigen Findlinge zu bewegen. Mehrere dieser von Baumgruppen umstandenen Geschichtsdenkmale blieben südwestlich von Lancken-Granitz (gute Ausschilderung) erhalten. Das erste Großsteingrab ist das beeindruckendste.

Prora **(115/D 6)**

Eine Ferienstadt, die seit über sechs Jahrzehnten auf ihre Fertigstellung wartet. Die nationalsozialistische Organisation »Kraft durch Freude« (KdF) begann 1936 nördlich von Binz das gigantische »Seebad der Zwanzigtausend« zu errichten. Europas größte Kuranlage sollte es auf Geheiß Hitlers werden. Bis zum Ausbruch des Zweiten Weltkrieges entstanden einige der sechsstöckigen Bettenhäuser, die Festhalle für 20 000 Menschen wurde nicht begonnen. Bis zur Einheit Deutschlands nutzte die Nationale Volksarmee der DDR das sich hinter

Kiefernhainen versteckende Gelände. Wen die Ruinen des Nordteils nicht stören: Der 20 m breite Strand ist wunderschön.

Nicht nur an Schlechtwettertagen empfiehlt sich ein Besuch der *Museumsmeile Prora.* Auf dem etwa eine Meile langen Weg von Nord nach Süd gibt es sieben Museen, u. a. das *Eisenbahn- und Technikmuseum Rügen (April–Okt. tgl. 10 bis 17 Uhr),* das beeindruckende Dampflokomotiven, PKW-Oldtimer, Lastkraft- und Feuerwehrwagen zeigt.

Aus der mit 20 000 Werken weltgrößten Druckgrafiksammlung des Hamburger Ehepaars Vogel sind unter dem Titel *Der Zweite Blick (April–Mitte Okt. tgl. 11–17 Uhr, Mitte Okt.–März Di–So 10–15 Uhr)* 4000 Grafiken von 1900 bis zur Gegenwart ausgestellt.

In *KulturKunststatt Prora (April bis Okt. tgl. 9–18 Uhr, Nov.–März tgl. 10–16 Uhr)* sind u. a. originalgetreu im NVA-Stil eingerichtete Zimmer zu besichtigen, die an die militärische Nutzung in der DDR-Zeit erinnern.

Preiswert ist die *Familienherberge Prora, 150 Betten in 2- und 3-Bettzimmern sowie 2- bis 3-Zimmer-Wohnungen (für bis zu 8 Pers.), Tel. 038393/328 44, Fax 328 45, Kategorie 3.* Live-Musik, Kleinkunst und zwei Diskotheken im *Musiktheater Miami* im ehemaligen Haus der Armee.

GÖHREN

Stadtplan in der hinteren Umschlagklappe

(**121 / F 3–4**) Endstation heißt es in Göhren (1300 Ew.) für die Fahrgäste der Kleinbahn Rasender Roland. Vom Bahnhof sind es knapp 5 Min. Fußweg bis zum beschaulichen Nordstrand. Dort tummeln sich ausschließlich Feriengäste, am nicht minder schönen Südstrand haben die Fischer ihren Arbeitsplatz. Die meisten der weißgestrichenen Pensionen und Villen im Stil der Bäderarchitektur entstanden nach 1899, als die Schmalspurbahn eine bequeme Anreise ermöglichte. Die meisten von ihnen erstrahlen wieder im alten Glanz. Göhren besitzt den prächtigsten Kurpark (mit Konzertmuschel von 1925) aller rügenschen Seebäder. Auf der Strandpromenade können Sie in den benachbarten Badeort Baabe

Kleines maritimes Lexikon

Bodden	Ostseebucht mit meist schmalen Zugängen zum Meer
Bojen	schwimmende Seezeichen
Brise	frischer Wind, »tolle Brise« steht auch für alkoholische Schlagseite
Haken	ins Meer hineingewachsene Landzunge
Kliff	niederdeutsche Bezeichnung für Steilküste
Klippe	von Sturm und Regen aus einem Kliff herausgearbeiteter Felsen
Liete	auf Rügen gebräuchlich für steile Schluchten
Maritim	das Meer, die Seefahrt betreffend
Takelage	Segelausrüstung eines Schiffes
Wiek	niederdeutsch für flache Bucht

spazieren. Der Stolz des Ostseebades ist die 1993 wiedererrichtete 270 m lange Seebrücke. Erbaut wurde Göhren auf einem Moränenzug, der sich 11 km lang vom Reddewitzer Höft bis zum Nordperd erstreckt, der östlichsten Spitze Rügens. Wenn Sie den steilen Weg vom Strand geschafft haben, bietet sich vom 60 m hohen Nordperd ein grandioser Blick, ebenso vom bronzezeitlichen Hügelgrab Speckbusch neben der Kirche.

BESICHTIGUNG

Buskam

Einst ruderten Hochzeitsgesellschaften zu dem Findling, um darauf zu tanzen. 24 Personen haben auf der 1,5 m aus dem Wasser ragenden ebenen Fläche Platz, die einen Umfang von 40 m hat. Der größte Findling der deutschen Ostseeküste liegt 200 m vom Strand entfernt im Meer.

MUSEUM

Mönchguter Museen

★ Vier denkmalgeschützte Anlagen gehören zu dem Freilichtmuseum, das über die Kultur und Lebensweise der Mönchguter Bevölkerung informiert.

Heimatmuseum: Hier werden Seefahrtsgeschichte, Brauchtum und die Geschichte des Bäderwesens in einem 150 Jahre alten Fischer- und Schifferhaus dargestellt. *Sept.–Juni Di–So 10–17 Uhr, Juli, Aug. tgl. 10–18 Uhr, Strandstraße*

Museumshof: Bäuerliche Hofanlage aus dem 18. und 19. Jh. mit Wohnhaus und Geräteschuppen, *Mai, Juni, Sept., Okt. Di–So 10 bis 17 Uhr, Juli, Aug. tgl. 10–18 Uhr, Strandstraße*

Rookhuus: Reetgedecktes, Fischer- und Kleinbauernhaus (18. Jh.) im Zuckerhutstil. *Geöffnet wie Museumshof, Thiessower Straße 7*

Motorsegler Luise: Einer der letzten eisernen rügenschen Küstenfrachter, *geöffnet wie Museumshof, hinter den Dünen am Südstrand*

RESTAURANTS/CAFÉ

Caprice

Mediterrane Küche, Fischgerichte. *Thiessower Straße 3, Tel. 038308/253 07, Kategorie 2*

Grill-Restaurant New 007

Die Spezialität sind Fleischgerichte vom Lavagrill. *Marienstraße 1 (Eingang Strandstraße), Tel. 038308/24 17, Kategorie 2*

Kaisers Hofkneipe

Viele Fischgerichte. *Nov.–März meist geschl., Waldstraße 11, Tel. 038308/21 56, Kategorie 3*

Ostsee-Residenz

Modernisiertes Restaurant und Café am Zugang zum Strand. *Strandpromenade, Tel. 038308/912 55, Kategorie 2*

EINKAUFEN

Blaudruck, auch mit maritimen Motiven, hergestellt in der einzigen *Blaudruckerei* der Insel, wird in der *Strandstr. 6* verkauft. Die kleine Galerie bietet auch Keramiken, Aquarelle und Bernsteinschmuck an. Rügentypisches ist in der *Göhrener Geschenk-Diele, Strandstraße 16,* zu haben. Keramik mit blau-weißer Glasur gibt es im *Drachenhaus, Max-Dreyer-Straße 8* – dem Künstler *Peter Beyer* kann bei der Arbeit zugeschaut werden.

ÜBERNACHTUNG

Akzent-Waldhotel Göhren
Schwimmbad mit Whirlpool, Sauna, Fitneßraum und 45 geräumigen Zimmern. *Waldstr. 7, Tel. 038308/505 00, Fax 253 80, Kategorie 1–2*

Franz
Von der familiengeführten Pension braucht man bis zum Südstrand nur 250 m zu gehen. *8 Zi., Thiessower Straße 23, Tel./Fax 038308/23 40, Kategorie 3*

Nordperd mit Villa Lo und Villa Brunhilde
Eine gute Adresse in Göhren, Sauna, Massage, Sonnenstudio. Restaurant mit vorzüglichen Regionalgerichten. 5 Min. bis zum Strand. *57 Zi.* Im Landhausstil neu gestaltet wurden die Dependancen Villa Lo und Brunhilde mit 25 Zimmern *Nordperdstraße 11, Tel. 038308/70, Fax 71 60, Kategorie 1*

Stranddistel
Familiengeführtes Hotel garni mit 33 stilvoll eingerichteten Zimmern und Apartments am Nordufer; Sauna, Fitneßraum sowie das hauseigene Segelschiff »Asgard«. *Katharinenstraße 9, Tel. 038308/54 50, Fax 545 55, Kategorie 1–2*

CAMPING

Ostsee-Campingplatz
Naturbelassenes Waldgelände am Strand, Mittagsruhe 13 bis 15 Uhr. *April–Okt., behindertengerecht, Nähe Bahnhof, Tel. 038308/901 20, Fax 21 23*

SPIEL UND SPORT

Der 35 m breite Nordstrand (mit getrennten FKK-Abschnitten und Hundestrand) hat eine Länge von 3 km, der auch von den Fischern genutzte Südstrand ist 20 m breit und 4 km lang; beides sind herrliche, flach abfallende Sandstrände. Boote werden

Die ehemalige Dorfschule in Middelhagen ist heute ein Museum

am Nordstrand verliehen, hier auch finden die Surfkurse für Anfänger und Fortgeschrittene statt, außerdem gibt es Tennisplätze. An der Seebrücke legen Ausflugsschiffe u. a. zur Kreideküste Rügens, zur Nachbarinsel Usedom und nach Swinemünde ab. Im *Bowlingtreff*, direkt am Nordstrand, sind drei Bahnen vorhanden.

AUSKUNFT

Kurverwaltung
Schulstraße 8, 18586 Ostseebad Göhren, Tel. 038308/259 10, Fax 259 11, e-mail: kv@goehren.de

ZIELE IN DER UMGEBUNG

Lobbe (121/E–F 4)
Einstiges Fischerdorf mit feinem Badestrand. In der Pension *Gasthof zum Walfisch (im Winter Di, Mi geschl.)* gibt es regionale Küche. *19 Zi., Dorfstr. 32, 18586 Lobbe, Tel./Fax 038308/254 67, Kategorie 3.* Östlich der Straße nach Middelhagen (am ehemaligen Ausfluß des Großen Lobber Sees) steht das um 1920 erbaute Windrad, oft als Wahrzeichen von Mönchgut bezeichnet. Bis 1955 diente das heutige technische Denkmal dem Antrieb eines Wasserschöpfwerkes. Nördlich von Lobber Ort ragt der Fritz-Worm-Stein aus dem Wasser, benannt nach dem 1916 verstorbenen Heimatforscher. Der schildkrötenförmige Findling mit 12 m Umfang brach in der Neujahresnacht 1913/14 aus dem oberen Kliffrand und stürzte auf den Strand. Heute liegt der Granitklotz fast 20 m vor dem Kliffuß und veranschaulicht, wie sich die Ostsee von Jahr zu Jahr ins Land frißt.

Middelhagen (121/E 4)
Zu einem Museum wurde die Dorfschule, in der sich einst alle Mädchen und Jungen von der ersten bis zur achten Klasse gemeinsam in einem Klassenraum drängten. Auch der Wohnbereich des Dorfschullehrers kann besichtigt werden, *April–Juni, Sept., Okt. Di–So 10–17 Uhr, Juli, Aug. tgl. 10–18 Uhr.* Das reetgedeckte, um 1825 erbaute Lehmfachwerkhaus liegt im Schatten der Kirche, in der Rügens ältester geschnitzter Holzaltar (um 1480) steht. In den Sommermonaten sind in der Kirche meist Ausstellungen zu sehen. Schräg gegenüber, in der *Dorfstraße,* verkauft *Tom Wilke* seine Mönchgut-Keramik.

Reddevitzer Höft (120–121/C–D 4–5)
Wie eine Sichel sticht das Reddevitzer Höft 3,5 km lang und nur 300 m breit in den Rügischen Bodden. Badestrände gibt es hier nicht, dafür Stille am Achterwasser mit dem Namen Having und weite Blicke von der Kliffkante. Ausgangspunkt für Wanderungen bildet das Dorf Alt Reddevitz, in dem sich in einer alten Scheune ein nobles Fischrestaurant etablierte: *Kliesow's Reuse, April–Sept. tgl. geöffnet, Di erst abends; März, Okt. empfiehlt sich vorher tel. Rückfrage, Nov.–Feb. geschl., Dorfstraße 23 a, Tel. 038308/21 71, Kategorie 2.*

SELLIN

(121/E 2–3) Zwischen dem Selliner See und der Steilküste Ostrügens liegt das traditionsreiche Ostseebad (2700 Ew.). Kleine Hotels und Pensionen mit abwechslungsreich gestalteten Fassaden säumen beiderseits die in den letzten Jahren schön hergerichtete Wilhelmstraße, die am Steilufer endet. Von dort bietet sich ein herrlicher Blick auf den Strand und die 1998 fertiggestellte, 394 m lange ★ Seebrücke Die Aufbauten mit dem hellen, sich über zwei Etagen erstreckenden Palmengarten, dem Balticsaal sowie den an die 20er Jahre erinnernden Kaiserpavillon entstanden nach historischem Vorbild. Für jene, denen der Abstieg (vor allem aber der Aufstieg über 87 Stufen) zum Strand und zur Seebrücke zu beschwerlich ist, wurde ein Aufzug gebaut. Er kostet nichts, ist selbst zu bedienen und tgl. von 9 bis 21 Uhr in Betrieb. Das Fischerdorf Sellin entwickelte sich zum Badeort, als die heute Rasender Roland genannte Kleinbahn ab 1896 eine bequeme Anreise ermöglichte. Das kleine Empfangsgebäude hat als einziges der rügenschen Kleinbahn sein ursprüngliches Aussehen behalten. In Sellin beginnt die Deutsche Alleenstraße, die bis zum Bodensee führt.

BESICHTIGUNG

Gnadenkirche

1913 eingeweihter, achteckiger Zentralbau in neobarokken Formen. Die ursprüngliche Ausstattung mußte nach einem Brand 1960 beseitigt werden, seitdem zeigt sich die Kirche innen schlicht und modern. In den Sommermonaten sind kleine Ausstellungen von Künstlern zu sehen; oft wird auch zu musikalischen Veranstaltungen geladen. *Juni–Sept. tgl. 9–19 Uhr.* Die Kirche ist schwer zu finden: Sie steht von Bäumen umwachsen auf einer kleinen Anhöhe am Westrand des Seebades (am besten über die August-Bebel-Straße zu erreichen).

RESTAURANTS/CAFÉ

Café Ehrke

Leckere Kuchen- und Torten *So erst ab 14 Uhr, August-Bebel-Str. 1, Tel. 038303/872 53*

Fischerstube

Deftige regionale Küche, Wein aus der ostdeutschen Saale-Unstrut-Region. *Warmbadstraße 1 (im Hotel Villa Subklew), Tel. 038303/859 87, Kategorie 2*

Seebrücke

Im Stil der 20er Jahre präsentiert sich das Restaurant *Kaiserpavillon,* im mediterranen Stil zeigt sich das Restaurant *Palmengarten. Tel. 038303/82 90, Kategorie 2*

Tschai Kowski

Original russische Speisen und Getränke. *Wilhelmstraße 28, Tel. 038303/145 14, Kategorie 3*

EINKAUFEN

Große Auswahl an Keramik und anderen Souvenirs bietet der *Katen, Granitzer Straße 11.* Nachbildungen des Hiddenseeschmucks gibt es schräg gegenüber bei Goldschmiedemeister Kintzel in der *Granitzer Straße 43.*

ÜBERNACHTUNG

Bernstein

Spannender Blick auf die Ostsee. Solarium, Sauna, Fitneßraum, behindertengerecht. *68 Zi., Hochuferpromenade 8, Tel. 038303/17 17, Fax 17 18, Kategorie 1*

Typische Häuserfassade im Ostseebad Sellin

Cliff-Hotel Rügen
Großzügige Hotelanlage mit Gästeaufzug zum Strand und 2000 m² großer Rülax-Wellness-Welt. Das aktuelle Rügen-Wetter im Internet zeigt die Live-Kamera vom Hoteldach: *www.cliff-hotel.de/live-cam.htm. 247 Zi., behindertengerecht, Siedlung am Wald, Tel. 0130/18 10 10, Fax 038303/ 84 95, Kategorie 1*

Petri
Neueröffnete Pension mit kleiner Gaststätte in zentraler Lage. *Ostbahnstr. 7, Tel. 038303/89 10, Fax 877 35, Kategorie 2*

Villa Subklew
Familiengeführtes Hotel in Strandnähe mit dem Restaurant *Fischerstube* mit der gemütlichen Bar *Strandgut. 29 Zi., Warmbadstraße 1, Tel. 038303/859 87, Fax 873 42, Kategorie 2–3*

Waldhotel
Ruhige Lage am Wald, 500 m bis zum Strand. *26 Zi., Luftbadstraße 16, Tel. 038303/873 03, Fax 874 90, Kategorie 2–3*

SPIEL UND SPORT

Den Nordstrand schützt ein Hochufer mit Buchen- und Nadelwald. Der Nachteil im Gegensatz zum Südstrand: Bereits am frühen Nachmittag liegt er im Schatten. Zur *Rülax-Wellness-Welt* im Cliff-Hotel gehören neben dem Schwimmbad mit einer 25-m-Bahn, Saunen und ein Fitneßraum. Im Seepark Sellin ist die 100 m lange Rutsche in *Nemo – die Wasserwelt* ein Abenteuer für die gesamte Familie. Im *Freizeit- und Kulturzentrum* können Sie Badminton, Squash und Tennis spielen, im Bowlingzentrum sind 8 Bahnen vorhanden.

Tragödie am Schwanenstein

Am 12. Februar 1956 kletterten die Kinder Uwe, Manfred und Helmut über das weiche Eis zum Schwanenstein. Aufkommender Sturm brachte das Eis ins Treiben und schnitt den Jungen den Rückweg ab. Angstvoll klammerten sie sich aneinander. Als ihre Hilferufe gehört wurden, begannen Feuerwehr, Armee und viele freiwillige Helfer eine dramatische Rettungsaktion. Ein Boot kenterte, der angeforderte Hubschrauber konnte des Sturmes wegen nicht starten. In der Nacht mußten die Helfer im Scheinwerferkegel erkennen: Die drei Jungen waren engumschlungen am Fels angefroren.

AUSKUNFT

Kurverwaltung
Warmbadstraße 4, 18586 Sellin, Tel. 038303/1611, Fax 87205, e-mail: kv@ostseebad-sellin.de

ZIEL IN DER UMGEBUNG

Seedorf **(121/D3)**
Ein geruhsames Dörfchen an der Lanckener Beek, der schmalen Verbindung zwischen Neuensiener See und Having. Die überspannt eine Fußgängerbrücke, darüber gelangt man durch eine stille Landschaft zu den 3 km entfernten Hünengräbern bei Lancken-Granitz. Einst wurden in Seedorf Segelschiffe gebaut, heute ist es ein beliebter Seglerhafen. Klein und fein: *Gaststätte Binnen & Buten* mit regionaler Küche. *Di geschl., Dorfstr. 8, Tel. 038303/87436, Kategorie 3*

THIESSOW

(121/E6) Die südöstlichste Gemeinde der Halbinsel Mönchgut umgibt an drei Seiten Wasser: im Osten und Süden die Ostsee, im Westen der Greifswalder Bodden. Der Charakter als Fischer- und Lotsendorf hat sich bis in die Gegenwart erhalten. Große Hotels und aufregendes Nachtleben hat das beschauliche Thiessow (400 Ew.) mit dem Ortsteil Klein Zicker nicht zu bieten, dafür aber einen schönen Strand, weitgehend unberührte Natur und zwei Besonderheiten. Die erste: Regenschirm und Gummistiefel können Sie getrost zu Hause lassen, denn Thiessow kann die wenigsten Niederschläge an der gesamten Ostseeküste Mecklenburg-Vorpommerns vorweisen. Der Ort liegt im Regenschatten von Stubnitz, Rugard und Granitz. Und zweitens: Die Luft von Thiessow gilt als die gesündeste von Rügen, weil fast ständig eine leicht salzhaltige Brise weht.

Am 38 m hohen Lotsenberg, früher stand hier ein Wachturm, sind noch Reste von Schanzen erkennbar, die 1712 im Nordischen Krieg von den Truppen des Schwedenkönigs Carl XII. angelegt wurden. Den Landvorsprung Südperd schützt ein 1905 errichteter, 350 m langer Steindamm vor weiterem Uferabbruch. Meiden Sie den Steindamm bei stürmischem Wetter! Statt dessen können Sie gefahrlos den Hochuferweg benutzen

RESTAURANTS/CAFÉ

Mönchguter Fischerklause
Selbstgemachtes Rügener Sülzfleisch, Labskaus und andere für die Küste typische Gerichte. *Okt. bis März Di, Mi geschl., Hauptstraße 69, Tel. 038308/303 97, Kategorie 2*

Strandcafé
Schöner Blick auf die Ostsee, gutbürgerliche Küche. *Mo geschl. Tel. 038308/83 45, Kategorie 2*

Zum Hafen
Direkt vom Kutter in die Restaurantküche. In der Vor- und Nachsaison *Mi geschl. Tel. 038308/300 01, Kategorie 2*

ÜBERNACHTUNG

Haus Margarethe
Sechs zauberhaft eingerichtete 1- bis 3-Zimmer-Apartments. *Hauptstr. 37, Tel. 038308/82 11 oder 09135/67 94, Kategorie 2*

Wahnfried
Gemütliche, familiengeführte Pension, dicht am Strand. *9 Zi., Hauptstraße 5, Tel. 038308/82 16, Fax 309 12, Kategorie 2*

CAMPING

Camping-Oase Rügen
Langgestrecktes Gelände am nördlichen Ortsrand zwischen Straße und Zickersee. Bis zum Ostseestrand 100 m, behindertengerecht. *Mitte Dez.–Ende Okt., 13 bis 15 Uhr Mittagsruhe, Tel. 038308/82 26, Fax 82 97*

SPIEL UND SPORT

Der 30–50 m breite Sandstrand in Richtung Lobbe ist 4 km lang und nicht überlaufen, 500 m sind für FKK-Anhänger reserviert, 400 m für Hunde. Am Südperd ist das Baden wegen starker Strudelbildung verboten. Surfer schwärmen von der Bucht zwischen Thiessower Haken und Klein Zicker.

AUSKUNFT

Kurverwaltung
Hauptstraße 36, 18586 Thiessow, Tel. 038308/82 80, Fax 301 91, e-mail: ostseebad-thiessow@t-online.de

ZIEL IN DER UMGEBUNG

Groß Zicker **(121/E 5)**
Das 1723 erbaute Pfarrwitwenhaus, das im Sommer interessante Sonderausstellungen zeigt, hat das langgestreckte Straßendorf bekannt gemacht. Es ist das besterhaltene niederdeutsche Hallenhaus auf Rügen in Zuckerhutform. *April–Okt. tgl. 10–18 Uhr.* Die Ende des 14. Jhs. errichtete gotische Backsteinkirche, das älteste erhaltene Gebäude von Mönchgut, schmückt sich im Chor mit zehn farbigen, fast 400 Jahre alten Fenstern. Im Sommer wird in das Gotteshaus zu Orgelkonzerten geladen. In Groß Zicker gibt es mehrere Dreiseitgehöfte: Stall und Scheune, die mit dem Giebel zur Straße stehen, verbindet das quergestellte Wohnhaus auf der Feldseite.

Angenehm sitzt es sich am Boddenufer in *Kaisers Gaststuben, Boddenstraße 43, Tel. 038308/300 91, Kategorie 3.* Vorzüglich: Kaisers Fischtopf (Fischfilet, Möhren, Sellerie und Tomaten gedünstet). Neu erbaut wurde das Landhotel Boddenblick. *21 Zi., 18586 Groß Zicker, Tel. 038308/82 54, Fax 34 00 34, Kategorie 2*

Inselbalkon und Windland

Stubbenkammers Kreidefelsen, Kap Arkona und das Bilderbuchdörfchen Vitt – die Perlen von Jasmund und Wittow

Wer zur Halbinsel Jasmund fährt, hat meist ein Ziel: die Kreidefelsen der Stubbenkammer. Ganze Heerscharen pilgern zum berühmten Königsstuhl, bedeutend weniger erfreuen sich an den schroffen Wissower Klinken. Um die einzigartige Kreidelandschaft und den alten, mitunter urwaldartigen Rotbuchenwald zu erhalten, wurde der Nationalpark Jasmund geschaffen. Balkon Rügens wird Jasmund wegen seines malerischen Steilufers genannt, von dem der Blick weit auf die Ostsee hinausreicht. Die schmale, 8 km lange Schaabe, Rügens Badeparadies, verbindet Jasmund mit Wittow. Windland heißt Wittow im Volksmund, weil der Wind ungehindert über das flache Land streichen kann. Norddeutschlands bekannter Dichter Fritz Reuter bezeichnete nach einer Wanderung 1830 Wittow als »das lieblichste, reich ausgestaltete Ländchen ... umgürtet von sonnenbegrenztem Meer, in unendlicher Mannigfaltigkeit durch seine Buchten, Bodden und Wyken ...« Der Boden auf Wittow ist fruchtbar, die Bauern ernten besten Weizen und Kohl. Im Herbst stehen Tausende von Kranichen auf den Feldern, und ihre trompetenden Rufe schallen weit über Wittow. Die Halbinsel gehört zu den Sammelplätzen der Vögel vor dem Weiterflug nach Süden. Wald gibt es nur rund um den Bakenberg und auf dem Bug genannten Haken bei Dranske, der Jahrzehnte militärisches Sperrgebiet war. Ein ideales Segelrevier sind die stillen Boddengewässer vom Glower Hafen bis zum Wieker Bodden. Wie Jasmund hat auch die Halbinsel Wittow ihre touristischen Highlights: das geschichtsträchtige Kap Arkona und das Bilderbuchdörfchen Vitt. Meer und Wind verändern Jahr für Jahr unermüdlich die Linienführung der Nordküste Rügens.

Leuchttürme von Kap Arkona

BREEGE – JULIUSRUH

(109/D 3) Am nördlichen Ende der Schaabe, zwischen Ostsee und Breeger Bodden, erstreckt sich der 1928 vereinte Doppelort (850 Ew.): Das sich lang hinziehende Juliusruh mit kleinen Pensionen und Villen zwischen Kie-

MARCO POLO TIPS FÜR JASMUND UND WITTOW

1 **Kap Arkona**
Zwei Leuchttürme weisen den Weg zu den Resten der Jaromarsburg (Seite 62)

2 **Vitt**
In einer Schlucht verstecktes Bilderbuchdörfchen (Seite 64)

3 **Schaabe**
Rügens Badeparadies: 50 m breiter Sandstrand auf einer Länge von 8 km (Seite 61)

4 **Nationalpark Jasmund**
Großes Schutzgebiet mit dem berühmten Königsstuhl (Seite 68)

fern zeigt sein Gesicht der Tromper Wiek, Breege dagegen wendet sich dem stillen Bodden zu. 1895 öffnete in Juliusruh das erste Hotel, das heutige Kurhaus. Von Juliusruh führt die kopfsteingepflasterte Dorfstraße durch Breege, beiderseits oft von stattlichen Häusern gesäumt, die sich Kapitäne im 18. und 19. Jh. erbauen ließen. Sie erinnern an Zeiten, als die meisten Männer Breeges zur See fuhren und das Dorf das reichste Rügens war. Breege besaß neben Wiek und Lauterbach einen der Haupthäfen der Insel. 500 m vor dem Hafen ragen die vom Schilf verdeckten Saalsteine aus dem Wasser. Die Findlinge wurden aufgetürmt, um die einst hier im Winter ankernden Segelschiffe vor Eispressung zu schützen. Heute dümpeln Fischerboote und Segeljollen im Breeger Hafen. Auch in unseren Tagen gilt noch, was bereits 1923 in einem Reiseführer stand: »Der Breeger und der Große Jasmunder Bodden bieten ein vorzügliches und sicheres Revier für die Ausführung des Wassersports.«

BESICHTIGUNG

Landschaftspark
Angelegt 1795 von Gutsbesitzer Julius von der Lancken. Die als Kurpark sorgfältig wiederhergerichtete Anlage verbindet Juliusruh und Breege. Der Granitstein am Parkende erinnert an den Gründer.

RESTAURANTS

Am Strand
Gemütliche Kellergaststätte, in der Küchenmeister Manfred Holtmann Schmackhaftes auf den Tisch bringt. *Wittower Str. 18, Tel. 038391/545, Kategorie 2*

Zum alten Fischer
Am Breeger Hafen. Vor allem bodenständige Küche. Spezialität des Hauses: Aalsuppe nach historischem Rezept. *Tel. 038391/121 89, Kategorie 3*

ÜBERNACHTUNG

Am Wasser
Das rechte Quartier für jene, die sich mehr im reizvollen Rügener

Hinterland als am Strand tummeln möchten. *60 Zi., Dorfstraße 79, Breege, Tel. 038391/40 20, Fax 613, Kategorie 3*

Aquamaris Strandresidenz Rügen
Familienfreundliche Hotel- und Ferienanlage im Dünenwald mit Hallenbad, Sauna, Whirlpool, medizinischer Badeabteilung, Kegelbahnen und mehr. *260 Zi., Suiten, Ferienwohnungen, behindertengerecht, Wittower Straße 4, Juliusruh, Tel. 038391/440, Fax 441 40, Kategorie 1*

Hinter der Düne
Ruhige Lage in unmittelbarer Strandnähe. *9 Zi., Ringstraße 17, Juliusruh, Tel./Fax 038391/121 26, Kategorie 3*

Villa Louisa
Für einen aktiven Urlaub das richtige Haus: Wasserski, Jet-Ski-Verleih sowie Angelfahrten auf dem Jasmunder Bodden werden geboten. *9 Zi., Ringstraße 3, Juliusruh, Tel. 038391/129 57, Fax 123 21, Kategorie 1–2*

Windland
Ruhige Ferienanlage, Gaststätte mit maritimem Ambiente, 400 m von der Ostsee entfernt. 8 Bungalows mit je zwei aus 2 Zimmern bestehenden Apartments. Schlichte Ausstattung, daher preiswert. *April–Okt., Waldweg 18, Breege, Tel./Fax. 038391/124 56, Kategorie 3*

SPIEL UND SPORT

Juliusruh besitzt einen bis zu 50 m breiten Sandstrand, der in die Schaabe übergeht, dessen 6 km langer Mittelteil für FKK-Anhänger reserviert ist. Vom Breeger Hafen verkehrt *von Mai bis Sept.* tgl. ein Schiff zur Insel Hiddensee.

AUSKUNFT

Informationsamt
Wittower Straße 5, 18556 Breege-Juliusruh, Tel./Fax 038391/311

ZIELE IN DER UMGEBUNG

Altenkirchen **(108/C 2–3)**
Die Backsteinkirche wurde um 1200 erbaut und gehört somit zu den ältesten Gotteshäusern der Insel. Der Taufstein im Innern aus gotländischem Kalkstein entstand im 13. Jh. Ein Erlebnis sind Orgelkonzerte in den Sommermonaten. Links neben dem Kircheneingang hat der 1818 verstorbene Theologe und Dichter Ludwig Gotthard Kosegarten sein Grab erhalten. Auf dem Kirchhof stehen viele, meist aus der ersten Hälfte des 19. Jhs. stammende Grabsteine. Malerei und Keramik bietet die Kleine Ateliergalerie von Hanne Petrick in der *Neuen Straße 2 a.* Altenkirchen (1300 Ew.) liegt etwa 2 km vom Ostseestrand der Tromper Wiek entfernt.

Riesenberg **(109/D 2)**
Das Großsteingrab nordöstlich von Nobbin ist 4000 Jahre alt. 3 km muß von Altenkirchen bis zu dieser Grabanlage gewandert werden, an deren vier Ecken besonders große Wächtersteine stehen. Bei Grabungen 1970 wurden zwei kleine, aus Findlingsblöcken gesetzte Grabkammern von etwa 2 m Länge und 1 m Breite festgestellt, doch die Enttäuschung war groß: Andere müssen schon früher dagewesen

sein, denn weder Bestattungsreste noch Totenbeigaben waren vorhanden.

DRANSKE

(108/A 3) »Auf Rügen ganz oben« – so wirbt das ehemalige Fischerdorf zwischen Wieker Bodden und Ostsee, das sich zu einem Ort (2900 Ew.) mit kleinstädtischem Charakter entwickelte. Das Badeleben von Dranske spielt sich am Bakenberg ab. Bei guter Sicht sind von dem 28 m hohen Hügel in westlicher Richtung die Felsen der dänischen Ostseeinsel Møn zu sehen. Die Schwarbe, auch Bakenberger Wald genannt, wurde 1887/1888 als Erosionsschutz angelegt.

Von 1917 bis 1991 war Dranske fast immer dem Militär ausgeliefert, das den Ort über die Jahre hinweg entscheidend prägte. Als erste ließen sich kaiserliche Marineflieger nieder, danach kam die Reichswehr, später Hitlers Wehrmacht, der folgte die Volksmarine der DDR und nach der Einheit Deutschlands für kurze Zeit die Bundeswehr. Vom alten Dranske ließen Hitlers Militärs lediglich das Schulhaus am Boddenufer stehen, alles andere mußte sich ihren Bedürfnissen anpassen. Die landschaftsuntypischen Wohnhäuser in Großplattenbauweise stammen aus der DDR-Zeit. Kurz hinter Dranske versperrt ein Schlagbaum die Weiterfahrt zum Bug, auf dem nach 1945 die Sowjetarmee alle militärischen Einrichtungen sprengte; was heute dort noch steht, stammt aus der DDR-Zeit. Vorgesehen ist, auf diesem reizvollen Stück Land eine Ferienanlage mit etwa 2000 Betten zu errichten. Der südlichste Teil des 9 km langen Bug, einer schmalen, langgestreckten Landzunge, gehört zum Nationalpark Vorpommersche Boddenlandschaft.

RESTAURANTS

Schifferkrug Kuhle
Rügens ältestes Gasthaus, 1455 bereits wird der erste Ausschank am Wieker Bodden erwähnt. Einfache, solide, preiswerte Küche. *An der Kreuzung Dranske/Bakenberg, Tel. 038391/84 60, Kategorie 3*

Zum Anker
Fisch gebraten, gekocht, mariniert und geräuchert. *Karl-Liebknecht-Straße 14, Tel. 038391/898 27, Kategorie 3*

EINKAUFEN

Uwe Rennefahrts Keramiken mit Ritztechnik sind begehrt. In der *Karl-Liebknecht-Straße 11* können Sie dem Künstler Ihre Wünsche mitteilen. Frischen Fisch gibt es bei Beer, *Karl-Liebknecht-Straße 16.*

ÜBERNACHTUNG

Feriendorf Bakenberg
Neu errichtete Siedlung auf dem Bakenberg, die Häuser auf dem weitläufigen Gelände sind in kleine Dörfer aufgeteilt. Gerade einmal 400 m gehen Sie von hier bis zu dem breiten Sandstrand. *240 Ferienwohnungen (33–67 m² für 2–6 Pers., auch behindertenfreundliche).* Wenn vor Ort nichts mehr frei sein sollte, wenden Sie sich an Ihr Reisebüro, denn fast alle großen Veranstalter haben das Feriendorf mit Schwimmhalle, Gaststätte und Kinderspielplät-

zen im Angebot. *Tel. 038391/91 40, Fax 914 14, Kategorie 2–3*

Ferienwohnanlage Am Teich
In ruhiger Lage im Ortsteil Lancken, 900 m Fußweg bis zum Strand. Ferienwohnungen (32 bis 80 m^2) für 2–6 Pers. Wer eine Terrasse wünscht, bucht für das Erdgeschoß. *Lancken 8 c, Tel. 038391/91 50, Fax 91 51 33, Kategorie 2*

CAMPING

Caravanencamp Ostseeblick, ein schattenloses Wiesengelände mit Blick auf die Insel Hiddensee, *April–Okt., Tel. 038391/81 96. Regenbogen-Camp* in Dranske-Nonnevitz, Waldplatz am Sandstrand; behindertengerecht. *April–Okt., Tel. 038391/890 32, Fax 87 65*

SPIEL UND SPORT

Der Ostseestrand ist in Ortslage steinig und nicht besonders schön. Wer nordöstlich zum Bakenberg läuft, findet feinen Sandstrand. Eine steile Treppe führt vom Hochufer hinab zum Badestrand. Selbst an heißen Sommertagen beträgt die Wassertemperatur hier oft nur 12 Grad Celsius, denn bei Nordwestwind führt die Strömung kaltes Wasser heran. Für Nichtschwimmer jedoch ideales Badegelände: Bis zu 40 m kann man meist ins Wasser gehen. Auch FKK-Anhänger mögen diesen Strand, an den ein Windschutz mitgenommen werden sollte. Das Schwimmbad mit Sauna und Solarium im Feriendorf Bakenberg sowie der Sechs-Loch-Golfplatz stehen gegen Gebühr allen offen.

AUSKUNFT

Fremdenverkehrsamt
Max-Reichpietsch-Ring, 18556 Dranske, Tel. 038391/890 07, Fax 894 24

ZIELE IN DER UMGEBUNG

Wiek **(108/B 3)**
Der zweitgrößte Ort (1400 Ew.) der Halbinsel Wittow hat noch dörflichen Charakter. Die Durchgangsstraße und den davon abseits liegenden Dorfplatz säumen meist einstöckige Häuser mit kleinen Vorgärten. Sehenswert in der spätgotischen Backsteinkirche ist das hölzerne Standbild (15. Jh.) des hl. Georg zu Pferde. Mit dem Bau der großen ruinösen Verladebrücke am Hafen wurde vor dem Ersten Weltkrieg begonnen. Auf ihr sollte Kreide von einem bei Arkona geplanten Kreidebruch verladen werden. Maritimes Flair im *Azur-Kajüthotel und Restaurant. 6 Zi., Bahnhofstraße 5, Tel. 038391/780 38, Fax 780 37, Kategorie 2.*

Das Kinderkurheim, die größte Einrichtung dieser Art im Osten Deutschlands, entstand nach Plänen des Bauhaus-Schülers Waldo Wenzel 1928/29. Die langgestreckten weißen Holzgebäude mit durchgängigen Kolonnaden ähneln dem Baustil in Florida. Von der Straße in Richtung Wittower Fähre hat man einen guten Blick auf die gesamte Anlage. Wer weiterfährt, kommt in den Ortsteil Bohlendorf. Dort weist ein Schild den Weg zum kleinen, feinen Hotel Herrenhaus Bohlendorf. Das ruhig liegende Herrenhaus aus dem 18. Jh. wurde völlig modernisiert. *20 Zi., 18556 Wiek, Tel. 038391/770, Fax 702 80, Kategorie 2*

Wittower Fähre (107/E 4)
Für Binnenländer bildet das Übersetzen (oder auch nur das Zuschauen) über die schmalste Stelle zwischen Rassower Strom und Breetzer Bodden ein Erlebnis. In der Touristensaison gibt es allerdings oft Wartezeiten. Die Fährverbindung zwischen der Halbinsel Wittow und Zentralrügen ist seit fast fünfhundert Jahren nachweisbar. Westlich des südlichen Fähranlegers liegt direkt am Boddenufer das im Stil eines norddeutschen Gutshauses errichtete *Radisson SAS Hotel Rügen. 116 Zi., 34 Apartments, 18569 Trent, Tel. 038309/220, Fax 225 99, Kategorie 1*

GLOWE

(114/A–B 1–2) Das östliche Eingangstor zum Badeparadies Schaabe gehört zur Halbinsel Jasmund. Einst bestand Glowe nur aus wenigen Fischerhäusern, die sich am Seeufer hinzogen. Erst in unserem Jahrhundert wuchs der Ort (1000 Ew.) in den Schaabewald hinein. Kurpromenade und noble Hotels kann Glowe, das sein dörfliches Flair behalten hat, nicht vorweisen. Auf eine Besonderheit kann der Ort stolz sein: Er besitzt die einzige Kirche, die zu DDR-Zeiten (1982) auf der Insel entstand und der Landschaft angepaßt wurde. In jüngster Zeit wurde der Hafen modernisiert, auch die neue Reha-Klinik führte zur Belebung. Im Ortsteil Ruschvitz soll Klaus Störtebeker zur Welt gekommen sein, doch wo genau, ist nicht bekannt.

RESTAURANT/CAFÉ

Arkonablick
Kleines Eiscafé am Zugang zum Strand. Kenner meinen, das Eis sei das beste auf Jasmund und Wittow. *Nur Mai–Okt., Am Arkonablick 81, Tel. 038302/530 25*

Im Sommer Wartezeiten einkalkulieren: Fähre nach Wittow

Fischerhus
Modernes Ambiente, gute Atmosphäre, regionale Fischgerichte. *Hauptstraße 53, Tel. 038302/52 35, Kategorie 2*

ÜBERNACHTUNG

Alt Glowe
17 behagliche Zimmer, von denen keines dem anderen gleicht. *Hauptstraße 37 a, Tel. 038302/530 59, Fax 530 67, Kategorie 2*

Bel Air Strandhotel
Von Kiefernwald umgebenes neues Haus, Badelandschaft mit Gegenstromanlage und Sauna. *37 Zi., Waldsiedlung 130 a, Tel. 038302/74 70, Fax 74 71 20, Kategorie 1*

SPIEL UND SPORT

Westlich des Ortes beginnt der breite Badestrand der Schaabe, der sich bis Juliusruh erstreckt, dessen Mittelteil völlig den FKK-Anhängern gehört.

AUSKUNFT

Tourismusbüro
Hauptstraße 37, 18551 Glowe, Tel. 038302/52 21, Fax 52 52

ZIELE IN DER UMGEBUNG

Bobbin **(114/C 2)**
Wie eine Glucke hockt die um 1400 erbaute spätgotische Dorfkirche auf einem Hügel. Sie ist das einzige aus Granitfindlingen erbaute Gotteshaus Rügens. Im Inneren sind der Altaraufsatz (mit drei Gemälden) und die Kanzel mit einem beeindruckenden Schalldeckel sehenswert. Auf dem Kirchhof blieben bis zu zweihundert Jahre alte Grabwangen erhalten. Vom Tempelberg direkt an der Hauptstraße (Parkplatz vorhanden) reicht der Blick bis zum Dornbusch auf Hiddensee.

Biolandhof Bisdamitz **(114/C 1)**
Knackiges Vollkornbrot aus dem eigenen Ofen gibt es hier, dazu frischer Quark und Salzlakenkäse, oft auch frisches Lamm- und Rindfleisch. Alles aus eigenem ökologischen Anbau. Verkauf im Sommer *tgl. 10–18 Uhr, an der Straße Glowe–Lohme.*

Schaabe **(109/D-E 3–5)**
★ Schöner kann ein Strand nicht sein: feinsandig, 8 km lang und 50 m breit. Die Nehrung Schaabe verbindet die Halbinseln Wittow und Jasmund. Am 6 km langen Mittelteil zwischen Glowe im Westen und Juliusruh im Osten **(115/D 2)** wird FKK gebadet, über 40 m weit kann man problemlos ins Wasser gehen. Direkt an der Straße gibt es mehrere Parkplätze. Hotels, Restaurants und Cafés sind nicht vorhanden – also Proviantbeutel mitnehmen! Die Aufforstung der Nehrung erfolgte zwischen 1860 und 1890. Ruhe und unberührte Natur bietet eine Wanderung entlang der schilfbewachsenen Boddenküste. Hier Vorsicht, nicht barfuß laufen, denn an warmen Tagen tummeln sich die sonst selten gewordenen Kreuzottern auf den Wegen!

Schloß Spyker **(114/C 2)**
Einsam am Spykerschen See liegt das *Hotel Spyker*, das nach der Modernisierung zu einer der besten Adressen auf Jasmund wurde. Hunde sind als Begleiter

Schloßhotel Spyker – moderner Komfort in alten Gemäuern

willkommen, die weite Landschaft am Jasmunder Bodden bietet reichlich Auslauf. *35 Zi., 18551 Spyker, Tel. 038302/20 83, Fax 21 86, Kategorie 1.* Phantastisch ist der Blick von den ⁂ Zimmern der oberen Etagen.

Um Schloß Spyker ranken sich etliche Legenden, so verstummt bis heute das Gerücht nicht, der Stralsunder Scharfrichter habe 1676 in einer Nacht-und-Nebel-Aktion den legendären Feldmarschall des Dreißigjährigen Krieges, Carl Gustav von Wrangel, den einstigen Schloßbesitzer, im Schloßsaal getötet. Wrangel wurde die Schuld an der Niederlage der Schweden gegen die Preußen in der Schlacht bei Fehrbellin 1675 gegeben.

Steigenberger MAXX Resort Rügen (115/D 2)

Das bislang nahezu unbekannte Dorf Neddesitz mausert sich: Im Sommer 1998 öffnete hier Rügens größte Hotel- und Freizeitanlage *Steigenberger MAXX Resort Rügen* mit 131 Hotelzimmern, 8 Suiten, 140 Ferienwohnungen (für 2–6 Pers., 50 bis 80 m^2 groß), einer 920 m^2 großen Badelandschaft mit temperierten Außenbecken sowie Sportanlagen. *18511 Neddesitz, Tel. 038302/95, Fax 908 87, Kategorie 1.* Ins historische, restaurierte Gutsherrenhaus zog die *Gutsschänke.* Hinter der Hotelanlage entstand das jederzeit kostenlos zugängliche *Kreidefreilichtmuseum* mit einem Natur- und Kreidelehrpfad rund um den einstigen Kreidebruch Gummanz herum. Von 1859–1962 wurde hier Kreide unter körperlich schweren Bedingungen abgebaut.

KAP ARKONA

★ ⁂ **(109/E 1)** Deutschlands Nordkap gilt als herausragende Sehenswürdigkeit. Es gehört zur Gemeinde Putgarten, doch die ist nahezu unbekannt, der Rügen-Besucher fährt nicht nach Putgarten, sondern zum Kap Arkona. Das Auto müssen Sie auf dem Parkplatz von Putgarten zurücklassen, weiter geht es zu Fuß (2,5 km), mit der regelmäßig verkehrenden kleinen Parkbahn oder der Pferdekutsche. Auf der steilen Königstreppe können Sie dann zum Strand hinabsteigen. Geöffnet haben alle Einrichtungen *tgl. Jan. bis März 10–16 Uhr, April, Mai, Sept., Okt. 10–18 Uhr, Juni 9.30–20 Uhr, Juli, Aug. 9–21 Uhr, Nov., Dez. 11 bis 15 Uhr.*

BESICHTIGUNGEN

Alte Nebelsignalstation

Die Ausstellung informiert über Seenotrettungsschicksale an der Ostseeküste Deutschlands.

Jaromarsburg

Den ursprünglichen Tempelbezirk der slawischen Ranen hat das Meer durch Uferbrüche längst verschlungen. Der stehengebliebene 13 m hohe Wall, über den befestigte Wege und Treppen führen, bietet einen spannenden Blick.

Leuchttürme

Der viereckige, 20 m hohe Turm, nach Entwürfen von Karl Friedrich Schinkel 1826/27 erbaut, wurde 1902 in Pension geschickt. Heute dient er als Museum und Standesamt. Seit 1902 schickt der nebenstehende 34 m hohe Turm bei Dunkelheit sein Blitzfeuer 40 km weit hinaus aufs Meer. Beide Türme können Sie besteigen.

Marinepeilturm

Das 1927 fertiggestellte runde Bauwerk, das der Kriegsmarine für Funkpeilungen diente, bekam eine moderne Glaskuppel aufgesetzt und wurde zum Aussichts- und Ausstellungsturm.

Rügenhof Arkona

Der Kuh- und der Schafstall des Gutshofes von 1880, an dem die Straße zum Kap Arkona vorbeiführt, wurde völlig umgebaut. Heute darf hier Töpfern, Glasbläsern, Kerzenziehern und Bernsteinschleifern über die Schultern geschaut werden. Die historische Druckwerkstatt erfüllt Wünsche der Gäste. Kinder lockt vor allem das Tiergehege, im Freigelände sind historische Ackergeräte aufgestellt. Weiteres ist geplant: So soll demnächst eine Backstube errichtet werden. In den Sommermonaten finden Handwerker-, Bauern- und Töpfermärkte statt.

ÜBERNACHTUNG/RESTAURANTS

Gasthaus Nobbin

Ruhig gelegenes Haus mit Restaurant und 16 freundlich eingerichteten Zimmern. *Tel. 038391/608, Fax 120 87, Kategorie 2*

Rügenhof Arkona

16 im dänischen Landhausstil eingerichtete Ferienwohnungen (30–100 m²), ideal für den Familienurlaub. *Tel. 038391/40 00, Fax 400 20, Kategorie 2.* Im einstigen Gutshaus öffnet im Sommer 2000 die *Rügener Ausflugsgaststätte.*

EINKAUFEN

Im Rügenhof Arkona werden leckere Inselprodukte angeboten, Brot vom Rügen-Bäcker ebenso wie würziger Biokäse aus Schafs- oder Kuhmilch, Honig frisch vom Imker, Fischkonserven, Fleisch- und Wurstspezialitäten der Inselfleischer und das hochprozentige Arkonafeuer. Die »Rügener Seekisten«, die auch verschickt werden, enthalten original Rügener Naturprodukte. Zu haben sind ferner Rügenkeramik, Bernstein- und Steinschmuck sowie Glaserzeugnisse. Im Leuchtturmeck gibt es Souvenirs und Rügenliteratur.

AUSKUNFT

Informationsamt

18556 Putgarten, Tel. 038391/41 90, Fax 419 17, e-mail kap-arkona@t-online.de

ZIELE IN DER UMGEBUNG

Gellort **(109/E 1)**

Rügens nördlichster Punkt, etwa 600 m nordwestlich von Kap

Die 1816 geweihte Kapelle des Fischerdörfchens Vitt

Arkona. Am Strand liegt der viertgrößte Findling der Insel. Der Volksmund gab ihm den Namen Siebenschneiderstein, weil auf dem 6,40 m langen und 4,90 m breiten Granitblock sieben Schneider Platz für ihre Arbeit hätten.

Vitt **(109/E1)**

★ Vom Kap Arkona führt ein 1,4 km langer Weg zum Fischerdorf Vitt, Rügens romantischstem Ort. Dreizehn reetgedeckte Häuser drängen sich in einer malerischen Liete, wie die Schluchten im Steilufer hier genannt werden. Eins der Häuser beherbergt die gemütliche, viel zu kleine Gaststätte *Zum Goldenen Anker.* Die Öffnungszeiten richten sich nach dem Wetter, also ob Gäste zu erwarten sind. Garantiert auf ist *Mai–Okt. tgl. 11–20 Uhr, Tel. 038391/121 34, Kategorie 3.* Am Minihafen verkaufen die Fischer frischgeräucherten Fisch, tgl. ab 10 Uhr laden sie zu Rundfahrten zum Kap Arkona ein (Dauer etwa 45 Min.). Ein Hohlweg führt in das Bilderbuchdörfchen. Auf dem Steilufer wurde 1816 die schlichte, achteckige Kapelle geweiht, *ab Ostern bis Okt. tgl. geöffnet,* die auf Anregung des Pfarrers und Dichters Ludwig Gotthard Kosegarten entstand. Er war seinerzeit so bekannt, daß für den Bau der Kapelle der König von Sachsen, der Herzog von Sachsen-Weimar, die Stadt Stralsund und die Universität Greifswald Geld spendeten. Seit 1990 schmückt die Kapelle das große Wandgemälde »Menschen im Sturm« von dem italienischen Realisten Gabriele Mucci. Wie einst finden heute wieder jährlich ein- oder zweimal Uferpredigten statt. Vitts Fischer starten von ihrem kleinen Hafen zu Rundfahrten um das Kap Arkona. Mit dem Pkw ist Vitt nicht erreichbar, einen kostenpflichtigen Parkplatz gibt es in Putgarten. Von dort sind es 2,5 km zu Fuß. Wer nicht laufen möchte:

Vom Parkplatz verkehren regelmäßig eine Parkbahn und Pferdekutschen.

SASSNITZ

(115/D-E 3) Langgestreckt liegt Sassnitz (12 000 Ew.), Rügens zweitgrößte Stadt, am Südrand der bergigen Stubnitz. 1906 schlossen sich die Dörfer Crampas und Sassnitz zusammen, Stadtrecht gab es aber erst 1957. Wenn Sie auf die 130 m hohen Krampaser Berge steigen, wandert der Blick über die Stadt hinaus auf das unendlich scheinende Meer. Bei schönem Wetter empfiehlt es sich, die 1500 m lange Mole hinauszulaufen, um dem Ein- und Auslaufen der Schiffe zuzuschauen oder die Hanglage der Stadt – oft mit Genua verglichen – zu betrachten. Am 6. Juli 1906 verließ das erste Eisenbahnfährschiff den Sassnitzer Hafen in Richtung Trelleborg, eröffnet wurde die »Königslinie« von den Monarchen Deutschlands und Schwedens. Seit 7. Januar 1998 nehmen alle Fähren vor der Küste Rügens einen anderen Kurs, denn der traditionsreiche Hafen im Zentrum von Sassnitz wurde geschlossen. Angesteuert wird Neu Mukran. Dieser Hafen war 1986 eröffnet worden, er besaß für die wirtschaftliche Verflechtung zwischen der DDR und der Sowjetunion enorme Bedeutung. Mit der Kursänderung der Schiffe ging auch eine Namensänderung einher, der Hafen Neu Mukran firmiert nun als Fährhafen Sassnitz. Die nördlichste Stadt im Osten Deutschlands ist also weiterhin das Tor nach Skandinavien, sie ist aber auch Ausgangspunkt für Wanderungen in den Nationalpark Jasmund.

BESICHTIGUNG

Heimattiergarten
Wer weder Geduld noch Zeit hat, Steinmarder, Weißstorch und Uhu in der Natur zu beobachten, kann sie im Tierpark sehen. Auch ein Waschbärengehege und ein Affenhaus sind vorhanden. *Tgl. 10–18 Uhr, Okt.–April 10–16 Uhr, Am Steinbachtal*

Steinstübchen
Funde aus 70 Millionen Jahre Rügener Kreide. *Hauptstr. 25 (in der Stubnitz-Buchhandlung), Mo–Fr 9–18, Sa 9–12 Uhr*

MUSEEN

Fischerei- und Hafenmuseum
Interessantes über die Geschichte der Fischerei und des Hafens. Ein besonders schönes Ausstellungsstück, der alte Fischkutter Havel, liegt direkt am Hafenbecken. *Im Stadthafen, Di–So 10–17 Uhr, April–Okt. auch Mo*

Museum für Unterwasserarchäologie
Interessante Funde aus der Ostsee. *Alter Fährhafen, Mitte April bis Mitte Okt., tgl. 10–18 Uhr, Mitte Okt.–Mitte April tgl. 13–17 Uhr*

RESTAURANTS

Gastmahl des Meeres
Fisch in allen nur denkbaren Variationen. *Strandpromenade 2, Tel. 038392/51 70, Kategorie 2*

Haus Fährblick
Schmuckes Restaurant mit schönem Blick, abends wird in der Bierkneipe geklönt. *Strandpromenade 5, Tel. 038392/229 01, Kategorie 2*

Buntes Treiben im Stadthafen von Sassnitz

Kapitänsmesse
Klein und gemütlich, Seefahrtsutensilien an den Wänden und regionale Küche. *Walterstraße 8, Tel. 038392/578 58, Kategorie 2*

König Gustav
Die Besitzer von Ferienwohnungen sowie die Garni-Hotels empfehlen ihren Gästen das Restaurant zum Essen – wegen der guten Küche. *Hauptstraße 10a, Tel. 038392/223 59, Kategorie 2*

EINKAUFEN

Nachbildungen des Hiddenseer Goldschmucks sowie Bernsteinschmuck gibt es beim Goldschmiedemeister *Horst Schröder, Hafenstraße 19* und *Strandpromenade.* Gegenüber dem Fremdenverkehrsbüro entstand an der Hauptstraße die 7300 m² große Rügen-Galerie mit zahlreichen Geschäften und gastronomischen Einrichtungen.

ÜBERNACHTUNG

Villa Daheim
Kleine, komplett modernisierte Pension in der Altstadt, 6 großzügige 2- bis 4-Bett-Apartments mit Küche. *Rosenstraße 8, Tel./Fax 038392/501 39, Kategorie 3*

Villa Feodora
12 großzügige Apartments (44–84 m²) in sonniger, ruhiger Südlage. *Seestraße 24, Tel. 038392/30 60, Fax 306 66, Kategorie 2*

Villa Seestern
Moderne Villa oberhalb des Stadthafens. *14 Zi., Mühlenstr. 5, Tel. 038392/332 57, Fax 367 65, Kategorie 2*

Waterkant
Hotel garni in modernisierter Villa, sehr schöner Blick. *16 Zi., Walterstraße 3, Tel. 038392/509 41, Fax 508 44, Kategorie 2*

SPIEL UND SPORT

In der Rügentherme (hinter dem Rügenhotel) rauscht in der Schwimmhalle ein kleiner Wasserfall, sprudelt die Whirlbank. Gegenstromanlage und drei Saunen gehören auch zur Anlage. Mehrere Fischer bieten ab dem Sassnitzer Stadthafen Bootstouren zum Königsstuhl an (allerdings gibt es dort keine Anlegemöglichkeit). Die 10-Uhr-Tour ist fürs Fotografieren genau richtig, da steht die Sonne besonders günstig.

AUSKUNFT

Fremdenverkehrsbüro
Seestraße 1 (Rückseite vom Rügenhotel), 18546, Sassnitz, Tel. 038392/51 60, Fax 516 16, e-mail fvb-sassnitz@t-online.de

ZIELE IN DER UMGEBUNG

Dobberworth **(114/C 3)**
Das größte bronzezeitliche Hügelgrab an der Ostseeküste ist 3500 Jahre alt. Der Umfang beträgt 150 m, die Höhe 10 m. Einer Sage nach entstand der Hügel, weil eine Riesin den Großen Jasmunder Bodden abriegeln wollte, ihre mit Steinen gefüllte Schürze aber bei Sagard zerriß. Das baumbewachsene Grab liegt an der B 96 südwestlich von Sagard.

Lietzow **(114/C 4)**
Das Schlößchen hoch am Hang stellt eine getreue Kopie des historischen Schlosses Lichtenstein südlich von Reutlingen bei Tübingen dar. 1868 ließ es sich der Ingenieur bauen, unter dessen Leitung der Damm zwischen dem Großen und dem Kleinen Jasmunder Bodden entstand. Gebadet wird im Großen Jasmunder Bodden, der Wald Semper Heide schützt den 500 m langen Strand vor Ostwinden. Auf dem Damm, direkt an der B 96, bieten Fischer meist Fisch an. Angenehm sitzt es sich im Strandcafé Essente, *Tel. 038302/20 66, Kategorie 2*

Lohme **(115/D 1)**
Einen der schönsten Blicke Rügens haben Sie von der Hochufertreppe über den kleinen Hafen bis zum Kap Arkona. Traumhaft ist es, hier den Sonnenuntergang zu beobachten. Die Treppe mit 213 Stufen führt zum Strand, der mit Millionen von Steinen nicht zum Baden einlädt. 250 m östlich der Hochufertreppe liegt der 60 m³ große Schwanenstein, Rügens attraktivster Findling. Der rote Granitblock von 4 m Höhe gleicht einer dreiseitigen Pyramide. Zum Wasserwanderplatz umgestaltet wurde in den letzten Jahren der einstige Lohmer Fischereihafen.

Einen spannenden Blick bis zum Kap Arkona haben Sie

Lietzow am Großen Jasmunder Bodden

vom *Café Niedlich* auf der Steilküste. *Ostern–Okt. tgl. geöffnet, Tel. 038302/93 46.* Wunderschön ist der Blick ebenfalls von der Terrasse des *Silence-Panoramahotels Lohme,* das eine der besten Küchen Rügens präsentiert, sowie von den meisten der 45 Zimmern. *18551 Lohme, Dorfstraße 35, Tel. 038302/92 21, Fax 92 34, Kategorie 2.*

Nationalpark Jasmund (115/E–F 1–3)

★ Der Königsstuhl und die Wissower Klinken sind die touristischen Perlen in dem 30 km² großen Schutzgebiet nördlich von Sassnitz. Der Nationalpark bewahrt eine Landschaft mit unterschiedlichen Naturräumen, wie es sie in Deutschland sonst nirgends gibt: Buchenwald, aktive Kliffhänge, Quellen, Bäche, Seen, verschiedenartige Moorbildungen, Feuchtwiesen, Trockenrasen und die Flachwasserzone der Ostsee. Im gesamten Gebiet des Nationalparks soll sich die Natur weitgehend ungestört entfalten. Die Wissower Klinken sind auf dem Hochuferweg von Sassnitz nach Stubbenkammer zu erreichen, Motorisierte zweigen von der Straße Sassnitz–Stubbenkammer rechts in einen Weg ab, der seines Zustandes wegen zum Schrittempo zwingt. Vom Parkplatz an der *Gaststätte Waldhalle, Okt.–März Mo, Di geschl., Tel. 038392/224 78, Kategorie 3,* sind es etwa 3 Min. bis zu den spitzen Kreidekegeln. Wer nördlich weiterläuft, kommt zu einer großen Bucht, die 1958 bei einem Uferabbruch entstand, und zur Ernst-Moritz-Arndt-Sicht. Hier sollte man unbedingt zurückschauen: Von dieser Stelle aus bietet sich der schönste Blick auf die

Mutprobe

Wer König von Rügen werden wollte, mußte Stärke, Mut und Schnelligkeit beweisen. Die Königskrone bekam aufgesetzt, wer als erster den mächtigsten Kreidefelsen der Stubbenkammer vom Strand aus erkletterte. So soll dieser Felsen zu seinem Namen Königsstuhl gekommen sein. Eine andere Legende weiß über die Namensgebung zu berichten: Schwedenkönig Carl XII. habe 1715 von dem Felsen aus ein Seegefecht zwischen Dänen und Schweden beobachtet.

Wissower Klinken. Vom Hochuferweg gibt es Abstiege zum Strand südlich der Waldhalle im Tal des Wissower Baches, in der Piratenschlucht, am Kieler Bach sowie am Königsstuhl.

Um zu Rügens Kronjuwel, dem Königsstuhl, zu kommen, muß man sein Auto auf dem gebührenpflichtigen Parkplatz Hagen abstellen (gut ausgeschilderte Anfahrt). Wer die ca. 3 km nicht zu Fuß gehen möchte oder kann: Von morgens bis abends pendeln Busse. Von der Aussichtsplattform des Kreidefelsens reicht der Blick weit hinaus aufs Meer. Eingerahmt vom herrlichen Buchenwald der Stubnitz liegt der 11 m tiefe Herthasee, um den sich viele Sagen ranken. An der Nordseite des Sees erhebt sich der etwa 10 m hohe Wall der Herthaburg aus der Slawenzeit.

Lohnenswert ist eine Fahrt mit einem Fischkutter von der Sassnitzer Mole aus entlang der Kreidesteilküste. Nationalranger (erkennbar an der grünen Uniform) achten streng auf die Vorschriften. Kostenlose *Führungen* durch einen Teil des Nationalparks *April–Okt. tgl. 11 Uhr* ab Parkplatz Hagen. Am Königsstuhl richtete die Nationalparkverwaltung ein provisorisches Besucherzentrum mit einer Ausstellung ein.

Im und am Rand des Nationalparks kann man gut und bequem übernachten. Zum einen direkt am Königsstuhlparkplatz in der *Pension Kleine Försterei* mit einer vorzüglichen Wildgaststätte. *6 Zi., 18551 Hagen, Tel. 038302/900 17, Fax 909 01, Kategorie 2;* zum anderen in der wunderschönen, reetgedeckten *Pension Baumhaus, 8 Apartments, 18551 Hagen, Tel./Fax 038392/223 10, Kategorie 1,* in der schmackhaftes Essen serviert wird. Regionale Küche wird im Quasimodo am Ortsausgang in Richtung Lohme serviert, einem urigen Restaurant mit familiärer Gastlichkeit und 4 großzügigen Zimmern. *18551 Hagen, Tel. 038302/909 50, Fax 909 47, Restaurant Kategorie 2, Hotel Kategorie 3*

Sagard **(114/C 3)**

Nur drei Boxmuseen soll es auf der Welt geben: im kanadischen Vancouver, im lettischen Riga und auf Rügen in Sagard, *August-Bebel-Str. 36, Mitte April bis Sept. tgl. 10–17 Uhr, Okt.–Mitte April Di–So 10–17 Uhr.* Altrügener Hausmannskost kommt im Restaurant *Bi Ille* auf den Tisch, *Ernst-Thälmann-Str. 38, Tel. 038302/22 09, Kategorie 2.* Sagard war Rügens erster Badeort, heute erinnert nicht einmal ein Gedenkstein daran.

Rügens kleine Schwester

Kein Geheimtip mehr, aber immer noch ein beschauliches Eiland

Hotelsilos und Kurpromenade, Diskotheken und Zeltplätze gibt es auf Hiddensee nicht. Die abgeschirmte Insellage hat vieles ursprünglich und beschaulich erhalten, vor allem eine vielgestaltige Natur in unberührter Schönheit. »Dat söte Länneken« wartet mit Salzwiesen, Heidelandschaft, Sandstrand und Steilufer auf. Seit 1995 darf Hiddensee den staatlichen Titel »Seebad« führen.

Die ersten Feriengäste entdeckten das Eiland Ende des vergangenen Jahrhunderts. Die Einsamkeit der Insel zog besonders Dichter, Musiker und Schauspieler magisch an. Gerhart Hauptmann, Max Reinhardt, Thomas Mann, Heinrich George, Asta Nielsen und viele andere wußten, wo man sich erholen kann. Ausgangspunkt für Wanderungen sind Kloster, Vitte und Neuendorf, die die »Gemeinde Hiddensee« bilden. Alle drei Orte haben kleine Häfen, Bollwerke genannt, in denen die Touristen, die Versorgungsgüter und die Post an Land gesetzt werden. Wer mit großem Gepäck anreist, sollte mit dem Gastgeber das Abholen mit dem Pferdefuhrwerk oder Handwagen vereinbaren. Die Sparkasse (mit EC-Automat) sowie die Post befinden sich in Vitte ebenso wie das Touristeninformationsbüro. Artikel für den täglichen Bedarf gibt es in allen drei Inselorten, Apotheke und Fleischer sind nicht vorhanden. Der Arzt hat seine Praxis in Vitte, der Zahnarzt in Kloster. Nördlich davon, auf dem Dornbusch, richtete Wetterfrosch Jörg Kachelmann das ARD-Wetterstudio Nord ein, das regelmäßig aktuelle Wetterdaten und Hiddensee-Bilder auf den Fernsehschirm bringt.

Von Stürmen bizarr geformte Bäume, »Windflüchter« genannt

Auf Hiddensee kann noch tief durchgeatmet werden: Keine privaten Autos und Motorräder verpesten die Luft, nur wenige Dienst-Kraftfahrzeuge dürfen auf der Insel fahren (darunter der Schulbus, der auch Touristen mitnimmt). Die Inselbesucher müssen die zauberhafte Natur zu Fuß, mit dem Fahrrad oder der Pferdekutsche erkunden. 16,8 km mißt die zum Nationalpark Vorpommersche Boddenlandschaft gehörende Ostseeperle in der Länge, selten ist sie breiter als 1 km. Wenn Sie gut zu Fuß sind und Hiddensee in seiner vollen Größe umwandern möchten, haben Sie etwa 50 km zurückzugelegen. Trotz der zahlreichen Tagestouristen in den Sommermonaten gibt es noch Plätze, an denen man ungestört dem Zirpen der Insekten, dem Singen der Vögel oder dem Rauschen der Brandung lauschen kann. Wenn Sie mit den Einheimischen allein sein möchten, sollten Sie Hiddensee im Spätherbst, Winter oder zeitigen Frühjahr besuchen. Wer zu diesen Jahreszeiten auf der Insel weilte, dürfte ihr für immer verfallen sein.

KLOSTER

(**106/B4**) Unterhalb des hügeligen Hochlandes erstreckt sich Kloster (350 Ew.), das nördlichste Dorf. Die Häuser sind meist von schönen alten Bäumen umgeben, die an heißen Sommertagen angenehmen Schatten spenden. Der Ortsname geht auf die 1296 gegründete Abtei zum hl. Nikolaus zurück, von der sich nichts erhalten hat. Noch zu Beginn unseres Jahrhunderts bestand Kloster, in dem die Fischerei im Gegensatz zu den anderen Inselorten keine Bedeutung besaß, nur aus Kirche, Gutshaus und fünf Häusern. Erst mit dem Fremdenverkehr entwickelte sich die Ansiedlung zum Dorf, das in den letzten Jahrzehnten auch die angrenzenden Hügel hinaufkletterte. Mit zahlreichen prominenten Hiddenseebesuchern ist die etwas abseits stehende Lietzenburg verknüpft, ein massiges Backsteingebäude im Stil eines englischen Landhauses, das sich der Maler Oskar Kruse erbauen ließ. Später gehörte es seiner Schwägerin Käthe Kruse, der berühmten Puppenmutter. Thomas Mann und Gerhart Hauptmann waren Gäste in der Lietzenburg, die zu ihrem Namen kam, weil die Kruses in Berlin in der Lietzenburger Straße wohnten.

Grieben, die älteste Inselsiedlung mit einem immer noch bäuerlichen Charakter, ist Ortsteil von Kloster.

BESICHTIGUNGEN

Insel Galerie Ric M.

Die Kunstgalerie von Ric Machnitzki präsentiert vorwiegend Arbeiten regionaler Künstler. Angeboten werden auch Hiddensee-Schmuck und Rügen-Keramik. *Tel. 038300/501 53, Kirchweg 24*

Kirche

Sechshundert Jahre zählt der verputzte und weißgetünchte

Die Kirche von Kloster mit ihren historischen Grabsteinen

MARCO POLO TIPS FÜR HIDDENSEE

1 **Gerhart-Hauptmann-Gedenkstätte**
In Kloster können Sie dem berühmten Dichter ins einstige Arbeitszimmer schauen (Seite 73)

2 **Dornbusch**
Faszinierende Ausblicke bis zu den Kirchtürmen Stralsunds (Seite 74)

3 **Gaststätte Zum Enddorn**
Bildermuseum in Hiddensees traditionsreicher Gaststätte in Grieben (Seite 75)

4 **Neuendorf**
Ein Dorf ohne Straßen mit reetgedeckten Häusern auf der grünen Wiese (Seite 75)

Backsteinbau, das einzige Bauwerk Hiddensees aus der Klosterzeit. Der an der Decke hängende Taufengel wurde früher bei Taufen herabgelassen. Vor dem Kircheneingang steht eine kulturhistorisch ansehnliche Sammlung von Grabsteinen aus dem 18. und 19. Jh. Das von Efeu umrankte Grab des 1946 verstorbenen Gerhart Hauptmann ziert ein schlichter Findlingsblock (links hinter der Kirche).

MUSEEN

Gerhart-Hauptmann-Gedenkstätte

★ Hier kann dem Dichter der Dramen »Die Ratten«, »Die Weber« und »Der Biberpelz« in das einstige Arbeitszimmer geschaut werden. In fünf Räumen des Hauses Seedorn, das der Nobelpreisträger 1930 erwarb und nach seinen Vorstellungen erweitern ließ, blieb die Einrichtung original erhalten. Hauptmann verbrachte 1943 den letzten Sommer auf Hiddensee. *Mai–Okt. tgl. 10–17 Uhr, Nov. bis April tgl. 11–16 Uhr*

Heimatmuseum

Der berühmte Hiddenseer Goldschmuck wird in einer verkleinerten Nachbildung gezeigt. Neu ist das Bernsteinzimmer im Erdgeschoß links. Sein Domizil hat das Museum, in dem Sie viel über die Tiere und Pflanzen auf der Insel erfahren, in der früheren Seenotrettungsstation. *Mai–Okt. tgl. 10–16 Uhr, Nov bis April Fr, Sa 11–15 Uhr*

RESTAURANTS

Haus Hiddensee

Preiswertes Essen und schnelle Bedienung in der Inselbar und gemütlichen Kajüte. *Kirchweg 31, Tel. 038300/335, Kategorie 3*

Hedin's Oe

Gutes Essen und mehr als 80 Weine aus allen bedeutenden europäischen Anbaugebieten. *Hügelweg 22, Tel. 038300/273, Kategorie 2*

Zum kleinen Inselblick

Bilder, Trödel und Essen, besonders köstlich die Hiddenseer Aalsuppe. *Klosterbirkenweg 2, Tel. 038300/234, Kategorie 2*

ÜBERNACHTUNG

Hitthim
Traditionsreiches, modernisiertes Haus direkt am Hafen mit urgemütlichem Restaurant. *25 Zi., Hafenweg 8, Tel. 038300/66 60, Fax 666 18, Kategorie 1–2*

Inselidyll
Neue Frühstückspension. *9 Zi., Siedlung 23, Tel. 038300/501 63, Fax 680 13, Kategorie 2*

Wieseneck
Besonders preiswert sind die Zimmer mit Dusche/WC auf der Etage. Restaurant mit guter Hausmannskost. *17 Zi., Kirchweg 18, Tel. 038300/316, Fax 680 24, Kategorie 3*

SPIEL UND SPORT

Am feinsandigen Naturstrand in der Ortslage ist Badebekleidung erforderlich, sonst darf es ohne sein. Kutsch- und Kremserfahrten bei *Neubauer, Hafenweg 10*. Die Termine von Wanderungen und Inselführungen sind am Hafen angeschlagen.

AM ABEND

Von *Mai–Okt.* oft Konzerte in der Kirche. Die *Gerhart-Hauptmann-Gedenkstätte* lädt zu Schriftstellerlesungen und kleinen Konzerten ein, die *Insel-Galerie Ric M., Kirchweg 24*, zu literarisch-musikalischen Veranstaltungen.

ZIELE IN DER UMGEBUNG

Dornbusch **(106/B–C 3)**
★ Das Hügelland nördlich von Kloster ist das beliebteste Wanderziel der Hiddenseebesucher. Ein besonderes Erlebnis ist der Spaziergang im Frühling, wenn der Ginster seine gelbe Blütenpracht entfaltet. Großartige Landschaftsbilder bieten sich von den Höhen Inselblick und Swantiberg sowie vom 23 m

Der Leuchtturm auf dem Dornbusch – Wahrzeichen Hiddensees

hohen Leuchtturm (1888), dem 45 km weit blinkenden Wahrzeichen Hiddensees. Der Turm kann seit Herbst 1996 erstmals in seiner Geschichte offiziell von Touristen bestiegen werden, der Blick ist phantastisch. Sogar die Kirchtürme der Hansestadt Stralsund sind zu erkennen. *Mitte April–Okt. tgl. 10.30–16 Uhr, Fr zusätzlich 19–21 Uhr. Im Winter die Öffnungszeiten bei der Insel-Information erfragen.* Für die Leuchtturmwanderung sollten Sie vom Hafen in Kloster hin und zurück 90 Min. einplanen.

Im Dornbuschwald an der Steilküste – ideal für jene, die Einsamkeit und Natur mögen – liegt die Pensions-Gaststätte *Zum Klausner,* Pension mit 5 Ferienhäusern (für 2–4 Personen) und 7 Zimmern, *18565 Kloster, Tel. 038300/66 10, Fax 661 20, Kategorie 1–2.* Im Sommer zünftiges Gartenrestaurant.

Grieben **(106/C 3)**
Die ältesten Häuser der Insel, 1769 und 1771 erbaut, stehen im 2 km von Kloster entfernten Ortsteil Grieben. Gleich rechter Hand der Treffpunkt von Künstlern und Intellektuellen, die ★ Gaststätte *Zum Enddorn, Tel. 038300/460, Kategorie 3.* Der Enddorn ist eine *Bilderkneipe,* etwa 250 Aquarelle, Ölgemälde und Zeichnungen mit Hiddensee-Motiven zieren die Wände. Weitere hundert Bilder stehen zum Auswechseln bereit.

Hucke **(106/B 3)**
Wie eine Nase ragt die Hucke, der Balkon Hiddensees, aus der Steilküste hervor. Diese wohl schönste Stelle der Insel sollte man aufsuchen, um den Sonnenuntergang zu beobachten! Zur Hucke führt der schmale Hochuferweg, von dem steile Treppen (manchmal bis zu 200 Stufen) hinab zum Strand führen. Die 400 m lange Hucke-Mauer, ein das Kliff schützender Steinwall, wurde kurz vor dem Zweiten Weltkrieg gebaut. Vorsicht, nicht zu weit an den oberen Rand des Kliffs treten, denn es besteht Absturzgefahr!

NEUENDORF

(106/B 6) ★ Der unter Denkmalschutz stehende Ort (300 Ew.) hat sich sein Aussehen als Fischerdorf bewahrt. Neuendorf ist die ruhigste Siedlung Hiddensees, die meisten Tagestouristen pendeln zwischen Kloster und Vitte. Die weißgetünchten, reetgedeckten Häuser stehen fein ausgerichtet von Ost nach West auf der grünen Wiese ohne Zäune und ohne richtige Ortsmitte. Vielfach sind runenartige

Eisstraßen

In strengen Wintern, wie in denen von 1969/70 und 1995/96, gab es Autostraßen zur Insel Hiddensee. Auf dem zugefrorenen Strelasund und dem Schaproder Bodden fuhren viele an den Wochenenden mit dem Pkw zum »söten Länneken«. Die Rüganer setzten in Schaprode aufs Eis und waren in 5 Minuten in Neuendorf – die Personenfähre benötigt für diese Strecke 30 Minuten.

Das Fischerdorf Neuendorf steht unter Denkmalschutz

Hausmarken an Türen und Eingängen angebracht. Als Lesen und Schreiben im Volk unbekannt waren, kennzeichneten die Familien mit diesen Symbolen ihr bewegliches und unbewegliches Eigentum. Neuendorf, das Dorf ohne Straßen, bietet ein Bild der Harmonie. Der befestigte Weg zum Hafen entstand erst nach 1945. Wer südlich weiterwandert, kommt zum unbewohnten, langgestreckten *Gellen,* dessen größter Teil als Vogelschutzgebiet nicht betreten werden darf. Nördlich von Neuendorf beginnt die Dünenheide, die sich bis zum 5,6 km entfernten Vitte erstreckt. Im August überzieht ein zartvioletter Blütenteppich dieses Gebiet.

RESTAURANTS/CAFÉ

Rosis Café und Restaurant

Köstlich die nach regionalen Rezepten zubereiteten Fischgerichte. Am Nachmittag schmeckt der selbstgebackene Sanddornkuchen. *Tel. 038300/501 68, Kategorie 2*

Gasthus Up Westerend

Eine gute Adresse auf der Insel. *Tel. 038300/501 25, Kategorie 3*

ÜBERNACHTUNG

Am Windflüchter

Neues, ruhig gelegenes Haus mit 8 praktisch eingerichteten Ferienwohnungen. *Tel. 038300/364, Fax 365, Kategorie 2–3*

SPIEL UND SPORT

Der Strand nördlich von Neuendorf gilt als der beste von Hiddensee. Nichtschwimmer sollten vorsichtig sein, denn man kann nur 10 m weit ins Wasser gehen. FKK-Freunde finden einen 3 km langen und bis zu 25 m breiten feinsandigen Strand südlich von Neuendorf. Bei Hochdruckwetter führt der Wind kaltes Wasser heran, das selbst an heißen Sommertagen kaum 13 Grad Celsius erreicht. Wem das zu kalt ist, der sollte zur Boddenseite wechseln.

ZIEL IN DER UMGEBUNG

Süder-Leuchtturm **(110/B 2)**
12 m hoch ist der kleine 1905–07 erbaute Leuchtturm, kurz Lucht genannt. Der Hin-und Rückweg von Neuendorf beträgt etwa 5 km. Am Ende des Schutzwaldes an der Außenküste versperrt ein Zaun den Weg: dahinter liegt das Vogelschutzgebiet Gellen.

VITTE

(106/B 4–5) Das Dorf (650 Ew.) ist die Inselhauptstadt, denn hier hat die Gemeindeverwaltung ihren Sitz. Im Alten Rathaus, Wiesenweg 2, finden kleine kulturelle Veranstaltungen statt, die Seebühne, das kleine Inseltheater Wallweg 2, bietet von Mai bis September Programm.

Vitte besteht aus einem Sammelsurium an Häusern unterschiedlicher Baustile, die die vielen Zugereisten hingestellt haben. Nur kleine Bereiche von Norderende und Süderende, wie die Hiddenseer sagen, konnten den ursprünglichen Charakter bewahren. Die 1776 erbaute Räucherkate (gegenüber dem Hotel Seeblick) ist die einzige auf Hiddensee erhalten gebliebene. Solche Häuser ohne Schornstein waren einst typisch für Hiddensee, der Rauch des offenen Herdfeuers mußte sich selbst einen Abzug suchen. Die Mühle hat sich ein Architekt als Sommerwohnung ausgebaut.

Wer mit Einheimischen ins Gespräch kommen möchte, gehe zum Hafen, dort treffen sich die alten Vitter gern zum Klönschnack. Vitte war einst die Bezeichnung für nur während der Heringsfangzeit benutzte Niederlassungen. Am Ende der Fangzeit blieben manche Fischer am Lagerplatz zurück, der so nach und nach zu einem richtigen Ort wurde.

BESICHTIGUNGEN

Blaue Scheune
Zwei auf der Insel wohnende Malerinnen strichen das von Blumen umgebene reetgedeckte Gebäude vor über einem halben Jahrhundert blau an. Heute gehört das Haus aus der ersten Hälfte des 18. Jhs. einem Kunstmaler und ist eines der beliebtesten Fotomotive der Insel.

Karusel
Die Stummfilmdiva Asta Nielsen wohnte während der goldenen zwanziger Jahre in dem rundgebauten Haus mit der Aufschrift »Karusel«. Entworfen hat es ebenfalls ein berühmter Star: Bauhausarchitekt Max Taut. Namhafte Künstler, vor allem aus der Metropole Berlin, besuchten die Schauspielerin, am häufigsten der Schriftsteller Joachim Ringelnatz (»Kuddel Daddeldu«). Im Haus nebenan mit dem schiefen Dach soll der Filmstar Henny Porten gewohnt haben. Die bewohnten Häuser können nur von außen betrachtet werden. *Am nördlichen Ortsausgang, Zufahrtsweg zum Seglerhafen.*

Nationalparkhaus
Die Ausstellung in dem neuen Haus am Nordende von Vitte vermittelt viele Informationen

In Vitte steht das einstige Sommerhaus des Stummfilmstars Asta Nielsen

über die Insel, den Nationalpark sowie das Verhältnis des Menschen zur Natur. Ein 5-Minuten-Video zeigt Hiddensee in seiner ganzen Vielfalt und Schönheit, abends oft Vorträge. *Mai–Sept. tgl. 10–16 Uhr, Okt.–April bis 15 Uhr*

RESTAURANTS/CAFÉ

Boddenschänke
Gemütliche Gaststätte, an der Theke ist selten ein Platz frei. *Sprenge 50, Tel. 038300/284, Kategorie 3*

Feuerstübchen
Essen, Trinken und als kostenlose Zugabe Ausstellungen einheimischer Künstler. *Süderende 192, Tel. 038300/438*

Mühlenhof
Regionale Kost wird in rustikalem Ambiente serviert, große Auswahl an Fischgerichten. Im Sommer am Abend Platzreservierung empfehlenswert. *So geschl., Wiesenweg 58, Tel. 038300/217, Kategorie 2*

Norderende
Am Weg nach Kloster, mit großer Glasfront, auch vegetarische Gerichte. *Norderende 80, Tel. 038300/348, Kategorie 2*

Seepferdchen
Täglich ofenfrischer Sanddornkuchen, Sanddorneis und -saft aus selbstgepflückten Beeren. *Mai–Okt. geöffnet. Süderende 84, Tel. 038300/266*

Zum Hiddenseer

In gediegener Atmosphäre gibt es regionale Kost, probieren sollten Sie die Schmoraalpfanne oder die Strandgutplatte. *Wiesenweg 22, Tel. 038300/419, Kategorie 2*

ÜBERNACHTUNG

Dünenhaus Vitte

Sechzehn 1- und 2-Zimmer-Apartments, behaglich möbliert, sowie ein Ferienhaus für max. 10 Pers. *Süderende 96, Tel. 038300/64 00, Fax 640 64, Kategorie 2*

Godewind

Zentrale ruhige Lage. ☆ Restaurant mit italienischem Einschlag. *29 Zi., Dusche/WC teilweise auf der Etage, Süderende 53, Tel. 038300/66 00, Fax 66 02 22, Kategorie 2–3*

Hotelanlage Heiderose

19 reetgedeckte Ferienhäuser (je 2 Wohnungen mit 2 Zi. für 3 Personen), Sauna, Solarium, Fitneßraum, Restaurant und 34 Zimmer im Hotel. Herrlich gelegen, 10 Min. zum Strand. *In den Dünen, Tel. 038300/631 25, Fax 631 24, Kategorie 2*

Hotel Post Hiddensee

Die 12 schicken Apartments (30–100 m²) stellen auch anspruchsvolle Gäste zufrieden. Sonnenterrasse mit Strandkörben. *Wiesenweg 26, Tel. 038300/64 30, Fax 643 33, Kategorie 2*

Strandhotel

Einfaches Haus mit preiswerten Zimmern, 400 m zum Strand, Dusche/WC meist auf der Etage. *6 Zi., Sprenge 22, Tel./Fax 038300/241, Kategorie 3*

Villa Putbrese

Neue Anlage mit 8 Apartments (für 2–6 Pers.), direkt hinter dem Deich. *Sprenge 19, Tel. 038300/504 67, Fax 141 96 19, Kategorie 2*

SPIEL UND SPORT

Ein schöner Sandstrand erstreckt sich südlich von Vitte, FKK-Anhänger haben ihr 300 m langes Revier nördlich des Ortes. Bei West- oder Nordwestwinden herrscht starker und oft gefährlicher Wellengang. Der Hafen für Segler (»Lange-Ort«) befindet sich am Nordrand des Dorfes.

AUSKUNFT

Insel-Information

Norderende 162, 18565 Vitte, Tel. 038300/642 26, Fax 642 25, e-mail insel.information@t-online.de

Baden Anno dazumal

»Wer sich des kalten Seebades bedienen will, es aber nicht liebt, sich im Freien zu entkleiden, benutzt eine der Badekarren. Auf einer kleinen Treppe steigt der Entkleidete ins Bad – und auch die züchtigste der Frauen darf sich nicht scheuen, eines solchen Badekarrens sich beim Baden zu bedienen, denn außer, daß solcher an den Seiten bekleidet ist ... ist auch dafür gesorgt, daß durch einen seewärts niederzulassenden Vorhang die Badende sich dem Blicke jedes Lauschenden gänzlich entziehen kann.«
Aus: »Reisegesellschafter durch Rügen«, 1823

Das Tor zu Rügen

Gotische Backsteinbauten schmücken Straßen und Plätze der einst reichen Hansestadt Stralsund

Das am Strelasund emporgewachsene Stralsund gehörte zu den mächtigen Hansestädten und war einst sehr reich. Seine fotogenste Seite zeigt Stralsund in Richtung Rügen, heute wie zu Zeiten Wilhelm von Humboldts: »Ein schöner Anblick ist Stralsund von Rügen aus mit seinen hohen und gotischen Türmen, dem wunderbar gebauten Rathaus und den vielen spitzen Giebeln mit durchbrochenem Mauerwerk.« Das eindrucksvollste Bild bietet sich in den Abendstunden von Altefähr, wenn die letzten Sonnenstrahlen die hoch hinaufstrebenden Türme der drei Stadtkirchen umspielen. Stralsund, seit jeher eng mit Rügen verbunden, blieb trotz Zerstörungen durch Kriege und Plünderungen eine Stadt voller bemerkenswerter Bauten im Stil der norddeutschen Backsteingotik.

STRALSUND

☛ **Stadtplan in der hinteren Umschlagklappe**
(116/B-C2-4) Die Altstadt von Stralsund (63 700 Ew.) besitzt internationale Bedeutung. Zwischen Neuem Markt, Altem Markt und Hafen birgt sie unzählige Zeugen der Historie. Beim Bummel durch die schmalen Gassen werden Sie sich oft (mit etwas Phantasie, wohlgemerkt!) in die Hansezeit versetzt fühlen. An fast jeder Ecke stehen prachtvolle Backsteinbauten, auf dem Alten Markt weiß man nicht, wohin man zuerst blicken soll. Fast jedes Gebäude atmet Geschichte, so das Rathaus, das ehrwürdige Wulflamhaus oder das aus der Schwedenzeit stammende Commandanten-Hus, in dem der schwedische Stadtkommandant residierte. Einzigartig der Blick vom Turm der Marienkirche – wie eine Spielzeugstadt liegt Ihnen die Altstadt zu Füßen, umschlossen von den im 13. Jh. als Fischteiche angelegten Franken- und Knieperteich und vom Strelasund.

Diese Insellage und die Stadtbefestigung ließ im Dreißigjährigen Krieg den sieggewohnten Albrecht von Wallenstein verzweifeln. »Die Stadt muß herunter«, soll er befohlen haben, »und wenn sie mit Ketten an den Himmel geschmiedet wäre.« Nach sechswöchiger Belagerung mußte der kaiserliche Feldherr unverrichteter Dinge abziehen. Den erfolgreichen Widerstand feiern die Stralsunder und ihre Gäste bis heute alljährlich Mitte

Stralsund – über den Dächern der alten Hansestadt

Juli mit den Wallenstein-Tagen. Der Weg nach und von Rügen führt über Stralsund. Mit einer Stippvisite bei der An- oder Abreise ist es aber nicht getan. Gut beraten sind jene Rügenbesucher, die einen ganztägigen Ausflug in die Hansestadt unternehmen. Die Altstadt ist klein und trotz der vielen Gassen überschaubar, alles läßt sich bequem zu Fuß erlaufen. In Zentrumsnähe gibt es zahlreiche Parkplätze, die Ausschilderung dorthin ist gut.

BESICHTIGUNGEN

Dielenhaus

Spätgotisches Giebelhaus; bei der Rekonstruktion erhielt es wieder die für die Hansezeit typische 5 m hohe Diele. Im Gebäude zeigt das Kulturamt Kunstausstellungen. *Tgl. 10–17 Uhr Mühlenstraße 3.* Weitere sehenswerte Bürgerhäuser stehen in der *Mühlen-, Mönch- und Badenstraße.* Im Giebelhaus (17. Jh.), *Fährstraße 23,* kam Carl Wilhelm Scheele zur Welt, der als Entdecker des Sauerstoffs weltberühmt wurde.

Heilgeisthospital

Eine städtische Gründung des 13. Jhs. für Arme und Kranke. Erhalten blieben die dreischiffige spätgotische Hallenkirche, der Innenhof mit hölzernen Galerien und das Elendshaus aus dem 17. Jh. *Wasserstraße 49*

Jakobikirche

Bei einem Bombenangriff 1944 wurde das Gotteshaus schwer beschädigt, erst nach fast fünf Jahrzehnten war die äußere Wiederherstellung abgeschlossen. Der 68 m hohe Westturm der Kirche gilt als der schönste von den drei städtischen Pfarrkirchen. Vorgesehen ist, die Jakobikirche als Kultur- und Freizeitzentrum zu nutzen, doch wann das möglich sein wird, darauf möchte sich in der Stadtverwaltung niemand festlegen. *Böttcherstraße*

Johanniskloster

Im einstigen Kloster bewahrt das Stadtarchiv seine Schätze, einige davon werden oft in Sonderausstellungen gezeigt. Besichtigt werden können Kreuzgang, Räu-

MARCO POLO TIPS FÜR STRALSUND

1 Marienkirche
Phantastisch: der Blick vom 104 m hohen Turm und Konzerte auf der Stellwagen-Orgel (Seite 83)

2 Nikolaikirche
Beeindruckender Reichtum an Kunstschätzen aus mehreren Jahrhunderten (Seite 83)

3 Rathaus
Geschichtsträchtiger Backsteinbau mit wunderschöner Schaufassade (Seite 83)

4 Deutsches Meeresmuseum
Im Aquarium tummeln sich Fische – von der Antarktis bis zu den Tropen (Seite 84)

cherboden, Barockbibliothek und Kapitelsaal. Die nach Entwürfen Ernst Barlachs geschaffene »Pietà« steht in der Kirchenruine. Nach der Reformation übernahm die Stadt das Franziskanerkloster und nutzte es als Armenhaus. Dörfliches Idyll im Stadtzentrum verbreiten die Wirtschaftsgebäude aus Fachwerk. *Mitte Mai–Mitte Okt. Di bis So 10–17 Uhr, Schillstraße*

Marienkirche

★ 226 Stein- und 119 Holzstufen führen auf den 104 m hohen Turm mit barocker Haube. Der phantastische Blick entschädigt für den mühevollen Aufstieg. Die Marienkirche gehört zu den Meisterwerken der norddeutschen Backsteingotik, das Hauptschiff zählt mit 99 m Länge und 32,5 m Höhe zu den besonders großen an der Ostseeküste. Ein Erlebnis sind die Sommerkonzerte auf der Barockorgel (mit 3500 Pfeifen) von Friedrich Stellwagen, Das bedeutendste barocke Grabdenkmal im Ostseeraum steht in einer Kapelle: Auf dem prunkvollen Marmorsarkophag ist der 1732 verstorbene schwedische Graf von Lilljenstedt in Lebensgröße zu sehen. *Neuer Markt*

Nikolaikirche

★ Der erste Nachfolgebau der Lübecker Marienkirche, entstanden als Symbol der Macht des Bürgertums. Die Kirche birgt eine Fülle von Kunstschätzen: 5 m hohes gotisches Kruzifix über dem Hochaltar, barockes Taufgehäuse mit prunkvollem Aufbau, Renaissancekanzel aus Sandstein mit Marmor, barocker Hauptaltar. Die 2,25 m große

Ein Prachtexemplar der Hanse-Architektur: das Rathaus von Stralsund

Stuckplastik Anna Selbdritt gehört zu den berühmten mittelalterlichen Großplastiken im Ostseegebiet. Ein Kleinod europäischer Uhrmacherkunst: die Astronomische Uhr. 1394 wurde sie in Gang gesetzt (das bezeugt eine lateinische Inschrift unter dem Zifferblatt), seit dem 16. Jh. steht sie aber still. *Alter Markt (Eingang Badenstraße)*

Rathaus

★ Eine Augenweide: die nach 1370 errichtete nördliche Schaufassade. Der Bau wird oft als das schönste Rathaus Norddeutschlands bezeichnet. Über den sechs großen Fenstern der Marktfront sind die Wappen der Hansestädte des wendischen Quartiers zu sehen. Das Bauwerk kann auf dem langgestreckten Innenhof mit einer Barockgalerie »unterwandert« werden, ohne eine Tür zu benutzen. *Alter Markt*

Schiffer-Compagnie

Ihre Mitglieder pflegen Stralsunds Seefahrtstradition. Prunkstück des Hauses ist das 2 m lange und mit 96 Kanonen bestückte Modell des schwedischen Linienschiffes Prinz Carl, das die Compagnie seit dem 18. Jh. besitzt. Die Compagnie wurde 1488 gegründet, 1635 zog sie in ihr heutiges Domizil. *Besichtigung Mo bis Fr 9.30–11, 13–15.30 Uhr, Frankenstraße 9*

Schill-Gedenkstätten

Eine Gedenkplatte im Bürgersteig vor dem Haus Fährstraße 21 erinnert an Ferdinand von Schill. An dieser Stelle kam der preußische Offizier am 31. Mai 1809 im Unabhängigkeitskrieg gegen Napoleon I. ums Leben. Schills Kopf wurde als Siegestrophäe abgetrennt, in Braunschweig beigesetzt und der Rumpf schließlich auf dem Stralsunder Knieperfriedhof bestattet. Eingang *Hainholzstraße,* 250 m die Lindenallee entlang, dann rechter Hand. An der Sarnowstraße steht seit 1909 ein Schill-Denkmal.

Stadtbefestigung

Am Knieperwall wurde ein Teil der Stadtbefestigung mit Wehrturm, Wiekhaus und Wehrgang rekonstruiert. Von den einst elf Stadttoren blieben das Kütertor (heute Teil der Jugendherberge) und das Kniepertor (heute Wohnung) erhalten, die beide ihr heutiges Aussehen im 15. Jh. bekamen.

Tierpark

1150 Tiere leben in der Anlage, darunter Pumas, Wasserbüffel, Schimpansen und Löwen. Für Kinder finden Ponykutschfahrten statt. *April–Sept. 9–18 Uhr, Okt.–März bis 16 Uhr, Barther Straße*

Wulflamhaus

Ein kostbares Backstein-Giebelhaus. Bürgermeister Bertram Wulflam ließ es im 14. Jh. erbauen. Das Gebäude wird als Restaurant genutzt. *Alter Markt 5*

MUSEEN

Deutsches Meeresmuseum

★ Dieses fantastische Haus ist das größte Museum seiner Art in Mitteleuropa. Hinter 6 cm starken Scheiben des Aquariums tummeln sich Meeresbewohner von der Antarktis bis zu den Tropen. 5 m hoch ist der originalgetreu aufgebaute Ausschnitt eines Korallenriffs aus dem Roten Meer. *Schaufüttern der Haie und Kraken, Sa, So, Feiertage 11 Uhr. Mai–Okt. tgl. 10–17 Uhr (Juli, Aug. Mo bis Do 9–18 Uhr), Nov.–April Di–So 10–17 Uhr, Katharinenberg 14–17, Besuchereingang: Mönchstraße 25*

Kulturhistorisches Museum

Hier kann der berühmte Hiddenseer Goldschmuck bestaunt werden – aber nicht das Original (das liegt im Tresor), sondern eine gelungene Nachbildung. Das bereits 1858 gegründete Museum zeigt im Ostteil des ehemaligen Katharinenklosters Ausstellungen zur Ur- und Frühgeschichte und zur Geschichte Stralsunds. *Di–So 10–17 Uhr, Mönchstraße 25–27.* In einem Getreidespeicher aus dem 18. Jh. ist eine ethnographische Ausstellung zu sehen. *Di–So 10–17 Uhr, Böttcherstraße 23*

Modell der schwedischen »Prinz Carl« in der Schiffer-Compagnie

Marinemuseum Dänholm
Die kleine Insel im Strelasund, über die seit 1936 die Rügendammbrücke führt, gilt als Wiege der preußischen Marine. Das Museum, mit einem großen Außenbereich, dokumentiert die Marinegeschichte Stralsunds. *Di bis So 10–17 Uhr*

Nautineum Dänholm
Das 86 t schwere Unterwasserlabor (UWI) »Helgoland« gehört zu den interessantesten Museumsobjekten im Norden Deutschlands. In den 70er Jahren des 20. Jhs. lebten und arbeiteten in ihm Wissenschaftler in den Meerestiefen des Atlantiks sowie in der Nord- und Ostsee. Das 14 m lange, 7 m breite und 7 m hohe UWI liegt seit 1999 im weitläufigen Gelände des Alten Tonnenhofes auf der Insel Dänholm. *Tgl. 10–17 Uhr (das Museum befindet sich noch im Aufbau, deshalb empfiehlt es sich, außerhalb der Saison unter Tel. 03831/700 81 02 anzufragen, wann geöffnet ist)*

RESTAURANTS/CAFÉ

Brasserie Grand-Café
Großes Restaurant, sehen und gesehen werden ist hier die Devise. *Neuer Markt 2, Tel. 03831/70 35 14, Kategorie 2*

Das Restaurant
Kulinarische Köstlichkeiten, das Haus wurde von Gastronomiezeitschriften vielfach gelobt. *Tribseer Straße 22 (im Hotel Zur Post), Tel. 03831/20 05 00, Kategorie 1*

Fischbistro
Wenn Sie wenig Zeit haben, aber Fisch essen möchten. Sehr schmackhaft sind die selbsteingelegten Bratheringe, empfehlenswert auch die rote Grütze. *Mo–Fr bis 18 Uhr, Sa bis 14 Uhr, So geschl.*

Okt.–April So geschl., Heilgeiststraße 92, Tel. 03831/28 05 95, Kategorie 3

Klabautermann
Lockere Atmosphäre, leise Seemannsmusik und die maritime Einrichtung haben den Klabautermann rasch beliebt werden lassen. *Am Querkanal 2, Tel. 03831/ 29 36 28, Mo–Fr erst ab 17 Uhr geöffnet, Kategorie 2*

Wulflamstuben
Stilvolles Restaurant in einem traditionsreichen Patrizierhaus. *Alter Markt 5, Tel. 03831/29 15 33, Kategorie 1*

EINKAUFEN

Zwischen Altem und Neuem Markt zieht sich die Ossenreyerstraße entlang, Stralsunds Bummelboulevard. Zeitgenössische Kunst, besonders von norddeutschen Künstlern, gibt es in der *Hanse-Galerie, Badenstraße 44,* Malerei, Grafik und Schmuck bei *Famos, Fährstraße 27.* Nachbildungen des Hiddenseer Goldschmucks verkaufen die Goldschmiedemeister *Saffran, Mönchstraße 34, Schulz, Mühlenstraße 8* und *Stabenow, Badenstraße 1*

ÜBERNACHTUNG

Baltic
Komplett modernisiertes Haus mit Wellnessbereich. *135 Zi., Frankendamm 22, Tel. 03831/ 20 40, Fax 20 49 99, Kategorie 1*

Norddeutscher Hof
Kleines, familiär geführtes Haus neben der Marienkirche. *13 Zi., Neuer Markt 22, Tel./Fax 03831/ 29 31 61, Kategorie 2*

Unter den Linden
Neues Haus in ruhiger Stadtrandlage mit Fitneßcenter und 38 wohnlich eingerichteten Zimmern. *Lindenallee 41, Tel. 03831/ 44 20, Fax 44 22 70, Kategorie 2*

Zur Post
Zentrale Lage, gehobener Komfort, moderate Preise. *108 Zi., Tribseer Straße 22/Ecke Am Neuen Markt, Tel. 03831/20 05 00, Fax 20 05 10, Kategorie 2*

Jugendherberge
Direkt im Stadtzentrum, 180 Betten, Familienzimmer. *19. bis 27. Dez. geschl., Am Kütertor 1, Tel. 03831/29 21 60, Fax 29 76 76, Kategorie 3*

SPIEL UND SPORT

American-Bowling, eine vollklimatisierte 14-Bahn-Bowlinganlage und ein alter Eisenbahnwagen mit amerikanischem Speiseangebot, *Heinrich-Heine-Ring 120 c.* Ein *Freizeit- und Spaßbad* wird Ende 1999 am *Grünhufer Bogen* öffnen. Ruderboote werden am Knieperteich vermietet. Sechs Tennisplätze befinden sich am Moorteich, Dr.-W.-Külz-Straße. Die Schiffe der Weißen Flotte nach Hiddensee legen am Ippenkai ab (bei der Seestraße), dort steht auch der *Fahrkartenpavillon, Tel. 03831/26 81 16,* von wo aus die *Hafenrundfahrten Mai–Sept.* starten.

AM ABEND

Oper, Ballett und Schauspiel bietet das Theater Vorpommern. Gespielt wird im Großen Haus am *Olof-Palme-Platz 1* und im Studiotheater im Brauhaus am *Alten Markt 5, Tel. 03831/29 54 91.*

Im Sommer Orgelkonzerte in der Marienkirche. Kino: *Sund-Lichtspiele, Frankendamm 37.* Die Lautsprecher dröhnen *Mi–So ab 20.30 Uhr* in der *Disko Fun und Lollipop, Grünhufer Bogen 11–14.*

Urig-gemütlich geht es in der Musikkneipe *Die Wirschaft* zu, *Tribseer Straße 10.* Unter mehr als 120 Cocktails kann in der *Bar Hemingway* gewählt werden, *Tribseer Straße 22 (im Postkeller), So, Mo geschl.*

AUSKUNFT

Stadtinformation

Ossenreyerstraße 1/2 (neben dem Rathaus), 18439 Stralsund, Tel. 03831/246 90, Fax 24 69 49, e-mail INFO-HST@t-online.de

ZIELE IN DER UMGEBUNG

Altefähr (116/C 2–3)

Von Rügens erstem Ort kann Stralsund von seiner schönsten Seite betrachtet werden. Zwischen Stralsund und Altefähr tuckert von *Mai bis Sept. alle 30 Min.* eine Personenfähre über den Strelasund. Der Ortsname weist auf die »alte Fähre« hin, die seit dem 13. Jh. nachweisbar ist. Das kleine Hotel garni *Sundblick* bietet 10 Zimmer und ein kleines Hallenbad. *Fährberg 8b, 18573 Altefähr, Tel. 038306/71 30, Fax 7131, Kategorie 2*

Deviner Haken (117/D 4)

Seit 1990 steht die zauberhafte Landschaft unter Naturschutz. Die grasbewachsenen Wälle stammen von einer im Jahre 1928 stillgelegten Ziegelei. Von der Höhe können Sie über den Strelasund nach Rügen und der Prosnitzer Schanze schauen. Direkt am Strelasund liegt die *Jugendherberge,* 160 Betten, Familienzimmer, *19.–27. Dez. geschl., 18439 Stralsund-Devin, Strandstraße, Tel. 03831/49 02 89.*

Kormorankolonie Niederhof (117/E 5)

1954 ließen sich im ehemaligen Gutspark am Strelasund die ersten Kormoranpaare zum Nisten nieder. Heute brüten in dem unter Naturschutz gestellten Park mehr als 200 Kormoran- und über 150 Graureiherpaare. Ende April, Anfang Mai, wenn die Bäume noch laubfrei sind, können die Vögel gut beobachtet werden. *Vorsicht:* Kotspritzer auf Kleidungsstücken hinterlassen bleibende Flecke, wenn sie nicht sofort mit Wasser entfernt werden.

Kranichinsel Bock (110/A–B 4)

Mehr als 100 000 Kraniche und Wildgänse sammeln sich jährlich im Herbst im Flachwassergebiet zwischen der Halbinsel Zingst und Hiddensee. Vom Festland nördlich von Stralsund läßt sich das überwältigende Naturschauspiel auf der vorgelagerten Insel Bock gut beobachten. Die künstlich aufgespülte Insel gehört zur Kernzone das Nationalparks Vorpommersche Boddenlandschaft und darf nicht betreten werden.

Schloßparkhotel Hohendorf (116/A 1)

Wohnen wie ein Graf, das bietet Ihnen das von einer großzügigen Parklandschaft umgebene Schloß. Karl Friedrich Schinkel gab dem Bauwerk aus dem 18. Jh. sein klassizistisches Aussehen. 2 km von der Ostsee entfernt. *45 Zi., 18445 Prohn, Tel. 038323/806 38, Fax 814 12, Kategorie 1*

Geistesgrößen und Bäderarchitektur

Die hier beschriebenen Routen sind in der Übersichtskarte im vorderen Umschlag und im Reiseatlas ab Seite 106 grün markiert

① AUF DEN SPUREN BERÜHMTER LEUTE

Berühmte Persönlichkeiten hat das kleine Rügen nur wenige hervorgebracht, aber viele kamen auf die Insel, ließen sich von den landschaftlichen Schönheiten inspirieren und halfen mit, Rügen weithin bekannt zu machen. Die Inselrundfahrt zu Stätten namhafter Rüganer und Gästen der Insel beträgt von Bergen aus etwa 160 km.

In *Bergen* kam Theodor Billroth (1829–1894) zur Welt, der 52 Jahre später in Wien die erste Magenresektion erfolgreich durchführte. In seinem *Geburtshaus (S. 28)*, in der heutigen Billrothstraße 17, entstand eine kleine Gedenkstätte. Billroth, der Begründer der modernen Bauchchirurgie, war eng mit dem Komponisten Johannes Brahms befreundet, der ihm die Streichquartette op. 51 widmete. Vermutlich war es Billroth, der Brahms für einen Rügenbesuch begeisterte. 1876 kam der Komponist nach *Sassnitz (S. 65)*, wo er seine Erste Sinfonie in c-Moll vollendete, die in Karlsruhe ihre Uraufführung erlebte. An der Umfassungsmauer des heutigen Krankenhauses erinnert eine kupferne Gedenktafel an den Brahms-Besuch. In die Weltliteratur eingeführt wurde Sassnitz durch Theodor Fontane (1819 bis 1898). Der große Romancier ließ seine Romanheldin Effi Briest nach Sassnitz reisen und schwärmen: »Ach, Geert, das ist ja Capri, das ist ja Sorrent. Ja, hier bleiben wir.« Schon vor Fontane hatte Adelbert von Chamisso (1781 bis 1838) Rügen als »Capri des Nordens« bezeichnet.

Caspar David Friedrich (1774 bis 1840) kam 1801 erstmals auf die Insel, 1826 zum letzten Mal *(S. 13)*. Sein Gemälde »Kreidefelsen auf Rügen« besitzt Weltruf. Welche Kreidefelsen Friedrich Modell standen, ist nicht bekannt, vermutlich waren es die Wissower Klinken *(S. 69)*. Von der Straße Sassnitz–Königsstuhl zweigt rechts ein Weg zu den spitzen Kreidefelsen ab.

Über Lohme und Glowe erreicht man *Altenkirchen (S. 57)*, die Wirkungsstätte des Pfarrers und Schriftstellers Ludwig Gotthard Kosegarten (1758–1818), der in seinen Werken die Schönheiten der Insel pries. Kosegarten, dessen

Grab sich links neben dem Eingang zur Kirche befindet, war mit Wilhelm von Humboldt und Caspar David Friedrich befreundet, mit Goethe und Schiller korrespondierte er. Weiter geht es in Richtung Kap Arkona, dort, in dem kleinen Fischerdorf *Vitt (S. 64),* ließ Kosegarten die weißgetünchte, achteckige *Kapelle* auf dem Steilufer errichten. Dem Maler Philipp Otto Runge (1777–1810), der heute als Hauptvertreter der norddeutschen Romantik gilt, gab er den Auftrag zu einem Gemälde, das – allerdings unvollendet – heute in der Hamburger Kunsthalle hängt. In der Vitter Kapelle ist eine Kopie zu sehen.

Von Vitt sind die beiden Leuchttürme auf *Kap Arkona (S. 62)* zu erkennen, der kleinere, viereckige davon entstand nach einem Entwurf von Karl Friedrich Schinkel (1781–1841), Preußens berühmtestem Klassizismusbaumeister. Auch am *Jagdschloß Granitz (S. 44)* hat er seine Handschrift hinterlassen. Der Besuch des Schlosses bietet sich am Ende der Rundreise – auf der Fahrt von Putbus nach Göhren – an.

Über die Schaabe geht es zurück zur Halbinsel Jasmund, kurz vor Bobbin leuchtet rechter Hand das rote *Schloß Spyker (S. 61)* aus dem Grün der Landschaft. Nach dem Dreißigjährigen Krieg, als Rügen zu Schweden gehörte, wurde Feldmarschall Carl Gustav von Wrangel Generalgouverneur von Pommern und Rügen. Für seine Verdienste belohnte ihn Königin Christine von Schweden mit Schloß Spyker, das sich der Marschall standesgemäß zu seiner Residenz ausbauen ließ. Das kleine Dorf *Ruschvitz,* zwischen Lohme und Glowe gelegen, sei der Geburtsort von Klaus Störtebeker (gest. 1401), das behaupten jedenfalls die Rüganer.

Und so wundert es nicht, wenn der berühmteste Seeräuber *(S. 16)* der Nord- und Ostsee in *Ralswiek* jeden Sommer auf der Freilichtbühne agiert *(S. 32).* Erstmals füllten 1959 Tausende die Bühne unterhalb des Schlosses, um eine dramatische Ballade des DDR-Politdichters Kuba (Kurt Barthel) zu erleben, der den Volkshelden stark glorifiziert hatte. Das Spektakel mit mehr als 1000 Mitwirkenden ging das letzte Mal 1981 über die Bühne, der riesige Aufwand war nicht mehr finanzierbar. 1993 wurden die Ralswieker Störtebeker-Festspiele in einem bescheideneren Rahmen wiederbelebt.

Auf der B 96 geht es an Bergen vorbei und in Samtens links ab nach *Garz (S. 35).* Im *Museum* des Städtchens wird Rügens berühmtester Sohn geehrt: Ernst Moritz Arndt (1769–1860), der leidenschaftliche Verfechter der deutschen Einheit. Die Rüganer erbauten für Arndt *(S. 11)* auf dem Rugard bei Bergen einen Aussichtsturm, und nahe von Garz, in seinem *Geburtshaus* in *Groß Schoritz (S. 35),* richteten sie eine kleine Gedenkstätte ein. Arndt war der Sohn eines zum Gutspächter aufgestiegenen ehemaligen Leibeigenen, sein 1803 erschienenes Werk »Versuch einer Geschichte der Leibeigenschaft in Pommern und Rügen« wurde sein bekanntestes Werk. 1817 weilte Arndt das letzte Mal auf Rügen.

Von Garz sind es 9 km nach *Putbus (S. 33),* wo Wilhelm Malte I. und später sein Enkelsohn Wilhelm Malte II. viele berühmte Besucher empfingen, darunter den

Staats- und Kunsttheoretiker Wilhelm von Humboldt (1767 bis 1835). Der Begründer der Berliner Universität lieferte Anfang des 19. Jhs. die Pläne für die Umgestaltung des Schloßparks. 1866 kam Otto von Bismarck (1815 bis 1898) mit Familie nach Putbus, Wilhelm Malte II. lud ihn in das »allerliebste Gasthaus« ein, die ehemalige Villa Löwenstein, das heutige Rosencafé. Hier erarbeitete der preußische Ministerpräsident Teile für die Verfassung des Norddeutschen Bundes. Das Gebäude Circus/Ecke Alleenstraße hat Fürst Malte als Pädagogium erbauen lassen.

In der *Orangerie* in Putbus werden 16 herausragende Persönlichkeiten vorgestellt, die in der Zeit der Romantik nach Rügen kamen bzw. hier lebten, darunter der Dresdener Arzt und Maler Carl Gustav Carus (1789–1869), den Friedrichs Bilder zu einer Rügenreise inspirierten. Nach einer ausgedehnten Wanderung über die Insel 1819 entstanden berühmte Bilder wie »Mondnacht auf Rügen« und »Hünengrab mit Wanderern«.

Von Putbus führt eine Allee nach Lauterbach, von dessen Hafen aus die *Insel Vilm (S. 36)* zu sehen ist, ein Naturrefugium, das Carl Gustav Carus ebenso begeisterte wie Caspar David Friedrich.

Letzte Station der Rundreise vor der Rückkehr nach Bergen ist *Göhren (S. 46)*. In dem Ostseebad lebte im *Drachenhaus* in der heutigen Max-Dreyer-Str. 8 viele Jahre Max Dreyer (1862–1946), der sich um die Jahrhundertwende als Dramatiker und Erzähler einen Namen gemacht hatte; in seinen Werken schildert er liebevoll seine norddeutsche Heimat und ihre Menschen. Dreyer wurde auf dem Göhrener Waldfriedhof bestattet.

② PHANTASIEVOLLE BÄDERARCHITEKTUR

Die Seebäder Göhren, Baabe, Sellin und Binz sowie die Stadt Sassnitz schmücken sich mit Häusern, deren Baustil als Bäderarchitektur bezeichnet wird. Die Autotour entlang der Ostküste hat eine Länge von 50 km.

In *Göhren (S. 46)* erinnert wenig an das einstige Dorf, die Fischer- und Bauernhäuser entsprachen zu Beginn des 20. Jahrhunderts nicht mehr den Wünschen der immer zahlreicher anreisenden Feriengäste. Für sie entstanden kleine Hotels und Pensionen in einem Baustil, der eigentlich keiner ist: Wilhelminische Bäderarchitektur. So wird ein Konglomerat verschiedener Baurichtungen bezeichnet, gotische und klassizistische Elemente sind ebenso anzutreffen wie orientalische und alpenländische Einflüsse. Die Architekten holten sich Anregungen auf der ganzen Welt.

Für immer verlorengegangen ist leider die Göhrener Seebrücke, die mehreren Eispressungen nicht standhalten konnte. Die Reste mußten 1953 gesprengt werden. Nach der Einheit Deutschlands entstanden in Göhren wie auch in Binz und Sassnitz neue Seebrücken, die aber nur bessere Stege sind und schon wegen ihrer geringen Länge für den Schiffsverkehr nur bedingt genutzt werden können. Einst besaßen die Seebrücken Brückenhäuser mit Fahrkartenschalter, Gepäckabfertigung, Zimmernachweis und

Zeitungskiosk, im Brückenkopf der Binzer Brücke gab es sogar ein Restaurant. Lediglich die neue Seebrücke in Sellin bekam Aufbauten, die an den Vorgängerbau erinnern.

Im Nachbarort von Göhren, dem stillen *Baabe (S. 39)*, reihen sich die kleinen Hotels und Pensionen entlang der schnurgerade zum Strand führenden Straße. In *Sellin (S. 49)* bildet die Wilhelmstraße eine Art Freilichtmuseum der Bäderarchitektur. Nach der Wende wurde die Straße herausgeputzt und ist nun wieder der Stolz des Ostseebades. Die Häuser schmücken sich mit Burgzinnen und Türmchen, mit antik gestalteten Säulen, verzierten Holzveranden und phantasievollen Dachaufbauten. Die alte, 600 m lange Selliner Seebrücke, deren Aufbauten auch dem Stil der Bäderarchitektur zuzurechnen waren, hatten im Winter 1941 Eisschollen zerstört. Die meisten Bauten im Stil der Bäderarchitektur hat *Binz (S. 42)* vorzuweisen. Hierher reisten einst die Wohlhabenden, mit Zofe, Diener und später dann mit Chauffeur. Das Ostseebad hat sich eine Menge von dieser Noblesse erhalten, an der Strandpromenade und den dahinter verlaufenden Straßen reihen sich die Häuser im Stil der Bäderarchitektur eins ans andere.

Fast alle Hotels und Pensionen sind in den 40 Jahren DDR arg verkommen, waren doch alle beheizbaren Häuser 365 Tage im Jahr bis auf das letzte Bett belegt, der Verschleiß war enorm. Doch so makaber das klingen mag: Die DDR-Mangelwirtschaft hatte auch ihre guten Seiten. Da es an Material und an Geld zum Erhalt der Bauten fehlte, war logischerweise auch nichts da, um sie zu modernisieren oder gar abzureißen. Es blieb erhalten, was im Westen Deutschlands spätestens in den 60er Jahren Bauten aus Glas und Beton weichen mußte. Die Seebäder an der Ostküste Rügens haben sich somit ein unverwechselbares Gesicht bewahren können, das die Besucher immer wieder entzückt. Die meisten der Häuser mit ihren phantasievollen Fassaden wurden in den letzten Jahren sorgfältig restauriert.

Die Fahrt nach Sassnitz führt durch *Prora (S. 45)*, Hitlers »Seebad der Zwanzigtausend«, das Europas größte Ferienanlage werden sollte. Auch hier entstand »Bäderarchitektur«, doch eine völlig andere. In schlichter Sachlichkeit, stark an die Bauhausarchitektur erinnernd, wurden von 1936 bis zu Kriegsbeginn fünf jeweils 500 m lange, sechsstöckige Wohntrakte hochgezogen. Manches, was die Nationalsozialisten geplant hatten, blieb Utopie, so die Fest- und Kongreßhalle für 20 000 Personen. Was mit dem Torso an einem der schönsten Strände Rügens geschehen soll, darüber bestehen bis heute verschiedene Meinungen. Sie reichen von Abriß über ein Ostsee-Konferenzzentrum bis zu einer Mischnutzung durch Gewerbe, Tourismus, Wohnen.

Sassnitz (S. 65) war ab 1860 das führende Bad Rügens. 1912 zählte die Stadt 42 Hotels und Pensionen. Die Führungsrolle mußte aber schon zu Beginn des 20. Jhs. an andere Orte abgegeben werden, die mit herrlichen Stränden aufwarten können. Zu DDR-Zeiten verkam der alte Glanz, der aber in den kommenden Jahren wieder entstehen soll.

Große und kleine Entdeckungen

Zu Fuß und mit dem Auto zu Naturkleinoden und Baudenkmälern

DURCH DEN JASMUNDER NATIONALPARK

Vom Parkplatz Hagen durch den Nationalpark zum Königsstuhl.

Den berühmten Kreidefelsen Königsstuhl darf man nicht mehr mit dem Auto ansteuern, das muß auf dem Parkplatz Hagen abgestellt werden. Von dort fahren Pendelbusse zum Königsstuhl. Reizvoll ist der etwa 2,3 km lange, mit weiß-gelb-weißen Schildern markierte Wanderweg dorthin, der durch einen besonders schönen Teil des Nationalparks Jasmund führt.

(**115/D–E 1–2**) Das Schild »Wanderweg Königsstuhl« am Ende des Parkplatzes zeigt, wo es losgeht. Der Weg verläuft nördlich der Straße, die zum berühmtesten Kreidefelsen Rügens führt. Am Eingang in den Wald befindet sich links ein *Torfmoor,* das Wasser wie ein Schwamm speichert. Das Moor, in dem bis zum Beginn des Zweiten Weltkriegs Torf gestochen wurde, entstand bereits vor Jahrtausenden. Wenig weiter ragen etwa 50 Jahre alte *Sitka-Fichten* hoch auf, die sich von ihren heimischen Schwestern durch schuppige Borke unterscheiden. Diese nordamerikanische Baumart gehört nicht zur natürlichen Vegetation Jasmunds. Die besteht vielmehr aus Rotbuchen, die vor etwa 1000 Jahren zum vorherrschenden Baum in dieser Region Rügens wurden. Rotbuchen mögen das kühl-feuchte Klima, das auf Jasmund herrscht. Nur in bodenfeuchten Bachtälern und Quellmulden sind im Nationalpark Esche und Erle anzutreffen. Ein solch kleiner *Erlensumpf* befindet sich direkt neben dem Weg auf der linken Seite.

Die Bewaldung auf Jasmund begann nach der letzten Eiszeit, zunächst siedelten sich Birken und Kiefern an, später – vor etwa 4000 Jahren – kam die Eiche hinzu. Aber bereits in einer Waldbeschreibung der Schweden aus dem Jahr 1695 wird sie nicht mehr erwähnt. Die heute noch an einigen Stellen wachsenden Eichen wurden um 1820 zusammen mit gebietsfremden Nadelhölzern wie Weißtannen, Lärchen, Douglasien und Fichten gepflanzt. Besonders am frühen Morgen oder am Abend sind bei etwas Glück Rehe, Rot- und

Dammhirsche, Wildschweine oder Mufflons zu sehen, die im Nationalpark sogar zu zahlreich leben. Da die natürlichen Feinde wie Wölfe und Bären fehlen, muß das Gleichgewicht durch die Jagd hergestellt werden.

Buchen rahmen den auf einer Höhe von 114 m gelegenen 2 ha großen *Herthasee* ein, dessen Maximaltiefe 11 m beträgt. Die wassergefüllte Senke ist vermutlich das Ergebnis der letzten Eiszeit, als ein gewaltiger Eisblock liegen blieb und erst viel später taute. Der See soll, so die Sage, die Kultstätte der altgermanischen Göttin Hertha gewesen sein. An der Nordseite des Herthasees erhebt sich ein etwa 10 m hoher *Wall,* der von einer slawischen Fluchtburg aus dem 7./8. Jh. erhalten blieb.

In den Sommermonaten, wenn der *Buchenwald* im saftigen Grün steht, drängen sich die Menschen zum Königsstuhl. In diesen Monaten wächst unter dem dichten Blätterdach im Dunkel des Waldes allerdings kaum eine Pflanze. Naturfreunde lieben das Frühjahr, wenn ein vor allem aus den weißen Blüten der Anemonen bestehender Teppich den Boden bedeckt.

Seit 1990, als der Buchenwald auf Jasmund Bestandteil des Nationalparks wurde, greift der Mensch nicht mehr in den Kreislauf der Natur ein. Die Buchen können jetzt ihr natürliches Alter von etwa 350 Jahren erreichen und auf natürliche Weise absterben. Umgestürzte, an Altersschwäche abgestorbene Bäume gehören deshalb zum gewohnten Bild des Nationalparks. Das Totholz zersetzen Kleintiere und Pilze zu fruchtbarem Humus, auf dem sich Buchenkeimlinge ansiedeln und einen neuen Buchenwald bilden.

Über eine kleine Erhöhung, ein bronzezeitliches Grab, erreichen Sie den *Königsstuhl* mit einer etwa 200 m² großen Plattform. Im Jahre 1584 taucht der 117 m hohe Felsen zum ersten Mal in einer Chronik auf. Von der Höhe geht der Blick über den steinübersäten Strand und den Waschstein, einen 22 m³ großen und 59 t schweren Findling, weit hinaus aufs Meer.

Auskunft: *Nationalparkamt Rügen, Außenstelle Stubbenkammer, Tel. 038392/350 11*

ÜBER DIE ZICKERSCHEN BERGE

Von Groß Zicker durch einen Teil des Biosphärenreservats nach Gager und zurück.

Das Land Zicker, wie die von der Hagenschen Wiek, der Kaming und der Zickersee eingerahmte Halbinsel genannt wird, gehört zu Mönchgut, der südöstlichsten Ecke Rügens. Zu ihrem Namen kam sie, weil sie sich einst im Besitz des Klosters Eldena bei Greifswald befand. Die Halbinsel ist eine der letzten naturnahen Weidelandschaften Norddeutschlands. Um sie zu erhalten, wurde sie in das 1990 gebildete Biosphärenreservat Südost-Rügen eingegliedert. Die Wanderung über die Zickerschen Berge hat eine Länge von etwa 14 km.

(**121/D-E 5**) Die Erwartungen sollten nicht zu hoch geschraubt werden: Die Berge sind Hügel mit kleinen Wäldern und Trockenrasen. Für Autos gibt es am Ende der Dorfstraße von *Groß Zicker* einen Parkplatz und das Restaurant *Buddelschiff, im Winter geschl., Kategorie 2.*

Von Touristen weitgehend noch unentdeckt: das Land Zicker

Der Weg führt zunächst geradeaus; nach dem *Kransen* genannten Kiefernwäldchen kann man rechts hinauf zum *Zickerberg* wandern. Was übertrieben Berg heißt, ist eine Erhöhung von genau 66 m. Bänke laden zum Verweilen ein, in Ruhe läßt sich der großartige Blick hinunter in die *Lindal* genannte Senke und von dort auf die *Hagensche Wiek* genießen. Diese südöstlichste Ecke Rügens gehört immer noch zu den touristisch weitgehend unentdeckten Regionen.

Der Abt des Zisterzienserklosters Eldena bei Greifswald hatte das Land Zicker im Jahre 1360 gekauft und niedersächsische Bauern ins Land geholt. Bis ins 20. Jh. veränderte sich »auf dat Mönnike Guedt« (auf dem Mönchgut) kaum etwas, geographische Abgeschiedenheit und ökonomische Rückständigkeit sorgten dafür, daß das Brauchtum hier bis ins 20. Jh. hinein bewahrt blieb.

Der Abstieg vom Zickerberg erfolgt durch den *Griepelgrund* zum bewaldeten Hochufer des *Nonnenlochs.* Vor Jahrhunderten soll es hier toll zugegangen sein, wenn man der Legende glauben darf: Die Nonnen des Bergener Klosters verlustierten sich an dieser Stelle heimlich mit den Mönchen von Eldena. Am Nonnenloch gibt es einen Abstieg zum Strand, die beiden dort liegenden *Findlinge* haben ein Gewicht von 41 und 27 t. Wieder auf dem Hochufer, kann man weiter zum *Svantegard* wandern, wie die kleine Nordwestnase des Landes Zicker heißt. Die Schweden bemühten sich 1806, hier einen Hafen zu errichten. Doch über Anfangsarbeiten sind sie nicht hinausgekommen.

Auf alten Seekarten ist südwestlich vor der Küste die *Insel Stubber* eingezeichnet, die sich heute bei Niedrigwasser als eine mit Steinblöcken belegte Sandbank zeigt. 1893, so verzeichnen die Annalen, wurden auf ihr 37 Seehunde erlegt. Die Insel gibt es nicht mehr, weil die in Gager ansässig gewesenen Steinzanger mit ihren Schuten kamen und die Steine für den Molen-, Villen- und Hotelbau holten. 1906 schließlich wurde ein Verbot für das »Steinfischen« erlassen, doch für die Insel Stubber war es zu spät – die existierte schon nicht mehr.

Die Wanderung führt dann weiter zur Strandwiese am *Lindal* und von dort zum Dorf *Gager* mit zahlreichen aus dem 18. und 19. Jh. stammenden rohrgedeckten Fischerbauernhäusern. Zum Trocknen aufgehängte Netze und am Ufer vertäute Boote verraten: Auch heute wird noch gefischt. In der Ortsmitte führt ein Betonplattenweg zum kleinen, Mitte der 30er Jahre ausgebauten Hafen. Eine Rast kann eingelegt werden im Gasthaus *Zum Anker, Mo geschl., Kategorie 3.* Von der Gaststätte im östlichen Dorfteil wandert man durch einen kleinen Wald zum 66,4 m hohen *Bakenberg.* Der höchste Punkt von Mönchgut bietet einen großartigen Rundblick. Im Norden ist Göhren zu erkennen, im Osten die Insel Usedom, im Westen Teile von Putbus und Bergen, im Süden die Türme von Greifswald. Die Reste eines bronzezeitlichen Hügelgrabs sind Beweis für die frühe Besiedlung dieses Gebietes. Der Bakenberg war – wie das gesamte Land Zicker – im Mittelalter dicht bewaldet. Rücksichtslos wurde das Holz in den vergangenen Jahrhunderten geschlagen, wurden Ackerbau und Weidewirtschaft betrieben bis schließlich der heute charakteristische Trockenrasen mit Schafschwingel, Sandstrohblumen, Habichtskraut und den manchmal massenhaft wachsenden Strandnelken entstand.

Das Land Zicker gehört zum Biosphärenreservat Südost-Rügen. In diesen Reservaten wird eine von Menschen geprägte Kulturlandschaft geschützt, gepflegt und entwickelt, in den Nationalparks dagegen soll sich die Natur ohne menschliches Zutun nach ihren eigenen Gesetzen entfalten. Weltweit hat die Unesco in 75 Staaten über dreihundert solcher Schutzgebiete im Rahmen des Forschungsprogramms »Der Mensch und die Biosphäre« geschaffen. Das Reservat auf Rügen hat eine Größe von 235 km^2 und umfaßt die Halbinsel Mönchgut mit dem Land Zicker, die Granitz, die Umgebung von Putbus, den Rügischen Bodden und die Insel Vilm, die Sie nur nach vorheriger Anmeldung betreten dürfen. Der weitere Weg führt vorbei am *Friedhof* und zurück zum Ausgangspunkt, dem Dorf *Groß Zicker.* In seinen »Streifzügen durch das Rügenland« schwärmte Johann Grümbke 1803: »... zog ich in Gedanken eine gerade Linie von Putbus über Cirkow nach Prora. Was jenseits davon ostwärts liegt, ist das wahre Paradies von Rügen.« Zu dieser so gerühmten Landschaft gehört das Land Zicker.

Auskunft: *Nationalparkamt Rügen, Tel. 038303/88 50*

FAHRT DURCH GRÜNE TUNNEL

Von Sellin bis Stralsund die Deutsche Alleenstraße entlang.

Prächtige Bäume säumen die alte Bäderstraße im Süden Rügens. Im Sommer schließen die Kastanien, Eichen, Linden und Ulmen ihre Äste zu einem Blätterdach, so daß man meint, in einem grünen Tunnel zu fahren. Der ADAC hat die Deutsche Alleenstraße initiiert, um die vor allem im Osten Deutschlands noch vorhandenen baumbestandenen Straßen

mehr in den Blickpunkt der Öffentlichkeit zu rücken. Den ersten, 65 km langen Teil der Deutschen Alleenstraße, die mit braunen Schildern und der Aufschrift »Deutsche Alleenstraße« gekennzeichnet ist, hat im Mai 1993 im Ostseebad Sellin die damalige Bundestagspräsidentin Rita Süßmuth eröffnet.

(**121/E 2 bis 116/B–C 2–4**) Im Ostseebad *Sellin* mit zahlreichen Pensionen und Hotels im Stil der Bäderarchitektur beginnt die von Bäumen gesäumte Straße, die einmal am Bodensee enden soll. Das erste Ziel nach etwa 5 km heißt *Lancken-Granitz,* ein Dorf mit zahlreichen *Hünengräbern,* wie die Megalithgräber aus der Steinzeit im Volksmund genannt werden. Riesige Findlinge haben unsere Vorfahren mit primitivsten Mitteln aufeinandergetürmt.

Die Alleenstraße führt weiter nach *Vilmnitz,* dessen Kirche eine interessante Ausstattung besitzt, und von dort nach *Putbus,* der einstigen Residenzstadt, in der der Rasende Roland nach Göhren losdampft.

Die Alleen entstanden teilweise schon vor 200 Jahren, als es noch keine Straßenschilder gab. Im Winter, bei tiefem Schnee, wiesen die Bäume den Weg zu Nachbarorten, im Sommer spendeten sie Pferdefuhrwerken angenehmen Schatten. Angeblich sollen die Alleen noch einen weiteren, strategischen Vorteil besessen haben: Hinter den Bäumen und Sträuchern konnten Trupps von Soldaten relativ unerkannt marschieren.

In *Kasnevitz,* der Grenze des Biosphärenreservats Südost-Rügen, gibt es eine Dorfkirche aus der 2. Hälfte des 14. Jhs. zu sehen, deren schlanker weithin sichtbarer Turm erst 1864 angefügt wurde. In der Kleinstadt *Garz* wird im Restaurant des Hotels *Am Wiesengrund, Wiesengrund 23, Kategorie 2,* schmackhaftes Essen serviert. Von Garz lohnt für architektonisch Interessierte ein Abstecher in das etwa 5 km entfernte *Karnitz* mit einem Schloß (1834/35), das sich mit einer wunderschönen Fassade und zwei achteckigen Türmen mit Zinnen schmückt. Vom Park östlich vom Schloß haben sich leider nur noch Reste erhalten. Ein Abstecher in die Gegenrichtung führt nach *Groß Schoritz,* dem Geburtsort von Ernst Moritz Arndt.

Zur Deutschen Alleenstraße sollten Sie über *Puddemin* und *Neparmitz* zurückfahren. Bei den Ortsdurchfahrten ist oft Schritttempo angesagt, denn vielfach gibt es noch Katzenkopfpflaster, über das schon Wallensteins Truppen im Dreißigjährigen Krieg geritten sein könnten. Die gemächliche Fahrt ermöglicht es auch dem Fahrer, die Landschaft zu betrachten, die vor allem im Frühsommer von dem gelben Teppich der Rapsblüten überzogen ist. Vor *Poseritz,* einem kleinen Ort mit einer Kirche aus dem 14. Jh., erreicht man wieder die Touristenstraße. 4 km sind es bis nach *Gustow,* das auf der höchsten Stelle mit einer Dorfkirche vom Anfang des 14. Jhs. und einem hölzernen Glockenturm aus der Mitte des 19. Jhs. aufwartet. Interessant ist ein Spaziergang über den Friedhof mit zahlreichen schmiedeeisernen Grabkreuzen aus dem vorigen Jahrhundert. Von der Höhe aus sind sechs rohrgedeckte Häuser zu sehen.

Wer den *Rügendamm* und die Insel Dänholm aus anderer Perspektive betrachten möchte, biegt nach links zum *Grahler Fähre* genannten Ufer ab. Die Gaststätte *Grahler Fähre* hat im *Sommer tgl. geöffnet, ansonsten Fr Ruhetag, Kategorie 3.* Wieder zurück auf der Alleenstraße, erreicht man nach 2 km die B 96. Über den Rügendamm geht es nach *Stralsund.* Von der Hansestadt führt die Alleenstraße weiter durch Mecklenburg-Vorpommern; Grimmen, Demmin, Malchin, Malchow und Röbel sind einige der Orte, die passiert werden.

Auskunft: *Tourismusverband Rügen, Am Markt 4, 18528 Bergen, Tel. 03838/807 70*

DURCH DIE DÜNENHEIDE

In Hiddensee zwischen Vitte und Neuendorf unterwegs.

Südlich von Vitte beginnt die unter Naturschutz stehende Dünenheide, die letzte große Küstenheide Mecklenburg-Vorpommerns. Die Wanderung durch das flache Land bis Neuendorf hat eine Länge von etwa 5,5 km.

(106/B 4–6) Die Wanderung beginnt am Dorfausgang von *Vitte.* Man verläßt die »Hauptstraße«, sie trägt den Namen Süderende, vorbei geht es am Dünenhaus und am Godewind. Der Alte Postweg, sandig und deshalb mit dem Fahrrad schlecht befahrbar, beginnt am Ortsende und führt schnurgerade zur 2 km langen *Dünenheide.*

Im Juni beginnt die spärlich vertretene Glockenheide rosafarben zu blühen, doch das schönste Bild hält die Landschaft bereit, wenn im August das bis zu 40 Jahre alt werdende Gemeine Heidekraut den Sandboden lilablühend überzieht. Gefährdet wird die auf mehreren Dünenzügen wachsende Heide durch Samen, der von den Bäumen des Küstenschutzwaldes zur Seeseite herangetrieben wird. In das Heidekraut haben sich vielfach schon Bäume gemischt. Auf dem Boden setzt sich jedoch das anspruchslose Heidekraut gegenüber anderen Pflanzen durch.

Das verholzende Heidekraut hatte in der Vergangenheit auch wirtschaftliche Bedeutung – es wurde zu Besen verarbeitet, weshalb die Pflanze auch Besenheide genannt wird.

Auf der Wanderung sollte man festes Schuhwerk tragen, denn in der Heide lebt die giftige Kreuzotter. Angst braucht aber niemand zu haben, denn die Schlange beißt nur, wenn sie angegriffen wird. Die Heidelandschaft bietet ferner Ringelnatter, Waldeidechse und Laubfrosch idealen Lebensraum. Neben dem selten gewordenen Feldhasen leben Fuchs, Reh- und Muffelwild in der Heide.

Die Dünenheide war jahrhundertelang nahezu unbewohnt, doch das hat sich in den letzten 40 Jahren verändert. Heute gibt es hier etwa 100 Häuser, darunter die Ferienanlage *Heiderose* mit einem Restaurant. Wer dort einkehren möchte, unternimmt im südlichen Teil der Heide einen Abstecher nach links. *Tgl. geöffnet, Kategorie 2*

Am Ende der Heide wandert man am Küstenschutzwald entlang bis zum betonierten Weg Vitte–Neuendorf, der direkt zum Hafen führt, von dem die Fähren nach Rügen ablegen.

Auskunft: *Insel-Information, Norderende 162, 18565 Vitte, Tel. 038300/642 26, Fax 642 25*

Von Auskunft bis Taxi

Die wichtigsten Adressen und Informationen für Ihre Reise nach Rügen, Hiddensee und Stralsund

AUSKUNFT

Die Kurverwaltungen, Tourist-Informationen und Gemeindeverwaltungen versenden Informationsmaterial auf Anfrage kostenlos. Meist liegen jedoch eine Zahlkarte und ein Schreiben mit der freundlich ausgesprochenen Bitte bei, mit 3 bis 5 Mark einen kleinen Unkostenbeitrag zu leisten.

Allgemeine touristische und kulturelle Informationen sowie der jährlich erscheinende, über 160 Seiten umfassende Urlauberkatalog sind erhältlich beim

Tourismusverband Rügen e. V.
Am Markt 4, 18528 Bergen,
Tel. 03838/807 70,
Fax 25 44 40
e-mail tourismusverband-ruegen@t-online.de

ANGELN

Wer in den Ostseeküstengewässern sowie den Bodden- und Haffgewässern angeln möchte, muß einen auf seinen Namen lautenden Fischereischein mit sich führen und einen zeitlich befristeten Angelberechtigungsschein erwerben. Wo es Angelscheine gibt, darüber informieren die Kurverwaltungen. Ausländische Touristen benötigen keinen Fischereischein. Die Dokumente und die Fanggeräte sind bei Kontrollen vorzuzeigen, die Fischmeister haben polizeiliche Befugnisse.

AUTO

»Auf Rügen auch am Tag mit Licht« empfehlen Verkehrswacht und Polizei den Autofahrern. Sie erhoffen sich davon mehr Sicherheit auf den unfallträchtigen Inselstraßen. Denn Dreiviertel der Verkehrswege auf Rügen sind Alleen. Unter dem grünen Blätterdach gibt es stark wechselnde Lichtverhältnisse, der Abstand vom Fahrbahnrand zu den Bäumen beträgt zuweilen kaum einen halben Meter – das angeschaltete Licht soll für die notwendige Aufmerksamkeit sorgen. Der ADAC gibt den Rat, auf den Alleen nicht schneller als 80 km/h zu fahren und möglichst nicht zu überholen.

BADEN

Fast durchweg von sehr gut bis gut wird die Badewasserqualität um Rügen und Hiddensee beurteilt. Vom 15. Mai bis 15. Sept. werden 14tägig durch das Landeshygieneinstitut Wasserproben entnommen und entsprechend den strengen EU-Richtlinien mikrobiologisch und physikalisch-chemisch untersucht. Bei einer Gefahrensituation sperrt das Gesundheitsamt die Badestelle.

Wird an den Rettungsstationen der bewachten Badestrände ein Sturmball hochgezogen, besteht Badeverbot für Kinder und Jugendliche bis 16 Jahre sowie für Nichtschwimmer, Schwimmer dürfen sich nur im brusttiefen Wasser aufhalten. Zwei hochgezogene Warnbälle bedeuten generelles Badeverbot.

In den kalten Monaten, aber auch im Sommer, wenn das Wetter nicht mitspielt und Sie nicht im Meer baden wollen, bieten folgende Bäder Spaß für die ganze Familie: Das *Vitamar* in *Binz* und *Nemo – die Wasserwelt* in *Sellin*. Mehrere Hotels haben ihre großzügigen Badelandschaften auch für Nichthotelgäste geöffnet, so *Steigenberger Maxx Resort* in *Neddesitz* bei *Sagard, Aquamaris Strandresidenz* in *Breege-Juliusruh*.

BEHINDERTE

Auf Rügen gibt es zahlreiche Hotels, Pensionen und Campingplätze für behinderte Menschen. Behindertentoiletten und entsprechende Strandzugänge haben Baabe und Binz. Das Deutsche Meeresmuseum in Stralsund hat einen Behindertenservice, Rollstuhlfahrer können die Störtebeker Festspiele in Ralswiek besuchen. Alle zwischen Schaprode (Rügen) und Hiddensee verkehrenden Fährschiffe sind auf Rollstuhlfahrer eingerichtet. Auch die vom Parkplatz in Neu-Süllitz (bei Binz) zum Jagdschloß Granitz verkehrende kleine Bahn befördert Rollstühle. Die Tourist-Informationen bzw. Kurverwaltungen geben weitere Auskünfte.

Interessante Internet-Adressen

Rügen, Hiddensee und Stralsund im Überblick:
www.tourismusverband-ruegen.im-web.de
www.insel-hiddensee.de; www.stralsund.de

Das Wetter auf Rügen von der Live-Kamera in Sellin:
www.cliff-hotel.de/live-cam.htm

Spaziergang auf Deutschlands Nordkap:
www.kap-arkona.de

Welche Heldentaten vollbringt Störtebeker in Ralswiek?
www.stoertebeker.de

Die aktuellen Fährverbindungen und Preise zur Insel Hiddensee:
www.reederei-hiddensee.com

Blick ins Meeresmuseum Stralsund:
www.meeresmuseum.de

BRÜCKENSPERRUNG

Die Ziegelgrabenbrücke des Rügendammes wird am Tag mehrmals hochgeklappt, um größeren Schiffen die Durchfahrt zu ermöglichen: *2.30–2.50, 5.20 bis 5.40, 11.20–11.40, 17.50–18.10, 21.30–21.50 Uhr.* Die Zeiten können sich mit dem Fahrplanwechsel der Deutschen Bahn AG geringfügig verändern. In den Ferienmonaten entstehen durch die Brückenöffnungen oft kilometerlange Staus.

CAMPING

Campingplätze stehen auf Rügen reichlich zur Verfügung, auf Hiddensee ist Camping nicht erlaubt.

FÄHRVERKEHR

Seit Frühjahr 1994 verkehrt wieder die 1936 eingestellte Fähre von Stahlbrode auf dem Festland nach Glewitz auf Südrügen. Im 20-Minuten-Takt (bei Bedarf im Pendelverkehr) fahren *tgl. zwischen 6 und 21.40 Uhr* Autofähren, von Nov. bis März von 7 bis 18.45 Uhr im 30-Minuten-Takt. Bei Sturm sollten Sie sich erkundigen, ob Fährverkehr besteht: *Tel. 0161/440 72 17.* Die Wittower Autofähre verbindet die Halbinsel Wittow mit Zentralrügen, sie verkehrt im Pendelverkehr (mindestens halbstündlich) von 5.50 bis 20.50 Uhr von der Halbinsel Wittow und von 6 bis 21 Uhr von Zentralrügen; von Nov. bis März bis 18.50 bzw. 19 Uhr. Bei Sturm vorher anrufen, ob Fährverkehr besteht: *Tel. 0171/272 25 37.*

Personenfähren zur Insel Hiddensee fahren ganzjährig von Schaprode (Insel Rügen), von Mai bis Anf. Sept. gibt es tgl. ab 6.15 Uhr etwa 20 Fahrten, ab Stralsund drei. In Schaprode sind reichlich bewachte Parkplätze vorhanden. *Auskunft über Abfahrtszeiten: Reederei Hiddensee, Tel. 03831/26 81 16, Fax 26 81 30.*

HUNDE

Vierbeiner dürfen nur dort mit an den Strand, wo es ein Schild ausdrücklich erlaubt. Auch sind die Vierbeiner nicht in jedem Quartier erwünscht, deshalb bei der Reservierung erkundigen! Auf Hiddensee sind Hunde generell anzuleinen.

KLEINBAHN

Etwas über eine Stunde benötigt der Rasende Roland für die Strecke Putbus–Göhren. Er ist keine Museumsbahn, sondern ein täglich, das ganze Jahr über nach Fahrplan verkehrender Zug. Die Höchstgeschwindigkeit beträgt 30 km/h. Von Mitte April bis Okt. fährt die Kleinbahn von Putbus weiter bis zum Hafen von Lauterbach. *Auskunft: Tel. 03830/801 12*

KURTAXE

In fast allen Ostseebädern wird Kurtaxe erhoben, in anderen Orten heißt sie Tourismusabgabe, Kinder zahlen meist die Hälfte. Die Kurkarte berechtigt oft zum ermäßigten oder sogar kostenfreien Eintritt bei Veranstaltungen. In Baabe, Binz und Sellin ist die Kurkarte der Freifahrschein für die kleine Bäderbahn, die jeweilige Kurkarte wird gegenseitig anerkannt.

NOTRUFE

Feuerwehr, Rettungsdienste
Tel. 112

Polizei
Tel. 110

ÖFFNUNGSZEITEN

Wer bei den Gaststätten sichergehen möchte, ob geöffnet ist, sollte sich telefonisch erkundigen. Sind keine Gäste mehr da, wird oft früher als angegeben geschlossen, im Winter bleibt die Tür manchmal tage- oder wochenlang zu. Auch manche Hotels schließen im Winterhalbjahr. Bei den Geschäften gilt die sogenannte Bäderregelung: Von Jan. bis Nov. dürfen Sie werktags bis 21 Uhr, sonn- und feiertags von 11 bis 18.30 Uhr öffnen. Oft gibt es eine Mittagspause von ein bis zwei Stunden.

PANNENHILFE

ADAC
Tel. 01802/22 22 22

RADFAHREN

Rügen bietet sich zum Radfahren geradezu an; in jüngster Zeit sind viele Fahrradwege entstanden. In fast jedem Ort können Fahrräder ausgeliehen werden. Bei großem Andrang in Schaprode und Stralsund entscheidet der Kapitän, wieviel Fahrräder mitgenommen werden. Komfort-Radwandertouren durch Rügen mit Gepäckservice bietet von April bis Mitte Okt. mit täglichem Reisebeginn: *Die Mecklenburger Radtour, Zunftstr. 4, 18437 Stralsund, Tel. 03831/28 02 20, Fax 28 02 19.* Die Übernahme der Wanderräder und der Start erfolgen in Stralsund.

RÜGEN-TICKET

Das gut ausgebaute Nahverkehrsnetz mit Bahn, Bus und Schiff erlaubt es, ohne Auto auf Entdeckungsreise gehen zu können. Viele Buslinien verkehren im Stundentakt, im Sommer oftmals sogar alle 30 Minuten, die meisten Regionalzüge fahren stündlich. Einfaches und preisgünstiges Reisen ermöglicht das Rügen-Ticket, eine Tageskarte. Es berechtigt zu beliebig häufigen Fahrten in den Linienbussen sowie mit den Regionalzügen, ferner enthält es wahlweise ein oder zwei Fahrten mit einem Schiff (auch nach Hiddensee und im Seebrückenverkehr Sassnitz–Göhren) oder der Kleinbahn Rasender Roland. Das Ticket gilt nach bzw. ab Stralsund, zu haben ist es in den Vorverkaufsstellen der Verkehrsunternehmen und bei den Tourist-Informationen. *Auskunft: Tel. 03838/194 49*

RUNDFLÜGE

Tgl. ab 10 Uhr finden vom kleinen Flugplatz Güttin (7 km südwestlich von Bergen nahe der B 96) Rundflüge mit Flugzeugen für bis zu sechs Passagiere statt. Zur Wahl stehen sieben Flugstrecken mit einer Dauer von 12 bis 60 Min. oder die Möglichkeit, die Strecke selbst auszusuchen, beispielsweise nach Usedom. *Auskunft: Flugplatz Güttin, Tel./Fax 038306/12 89.*

SCHIFFSAUSFLÜGE

Von Binz, Göhren und Sellin aus finden in den Sommermonaten

Schiffsfahrten statt, von Sassnitz starten täglich Motorschiffe zu den Kreidefelsen von Stubbenkammer und Kap Arkona (kein Landgang möglich). Rundreisen um die Insel Vilm beginnen in Lauterbach und am Baaber Bollwerk.

STRANDKÖRBE

Von *Mai bis Oktober* stehen sie am Strand, der Vermieter sitzt meist in der Nähe. Größere Hotels besitzen eigene Strandkörbe. In der Hochsaison rechtzeitig reservieren! An den Naturstränden, so auf der Schaabe, ist ein Windschutz angebracht.

TAXI

Brauchen Sie ein Taxi, dann wählen Sie am besten den *Funktaxi-Ruf auf Rügen: 03838/25 26 27, für Stralsund: 03831/29 20 00.*

Wer die letzte Personenfähre von oder nach Hiddensee verpaßt hat oder auch, wer in Eile ist, der kann sich einfach ein *Wassertaxi* bestellen: *Tel. 0171/745 77 10 (Störtebeker), Tel. 0171/745 77 13 (Pirat), 0171/642 80 21 (Anna-Maria II).*

Die Wassertaxen fahren Sie auch weiter, bis nach Zingst, Barth, in den Großen Jasmunder Bodden sowie in die Vorpommersche Boddenlandschaft.

WETTER AUF RÜGEN

Die monatlichen Durchschnittswerte im Überblick

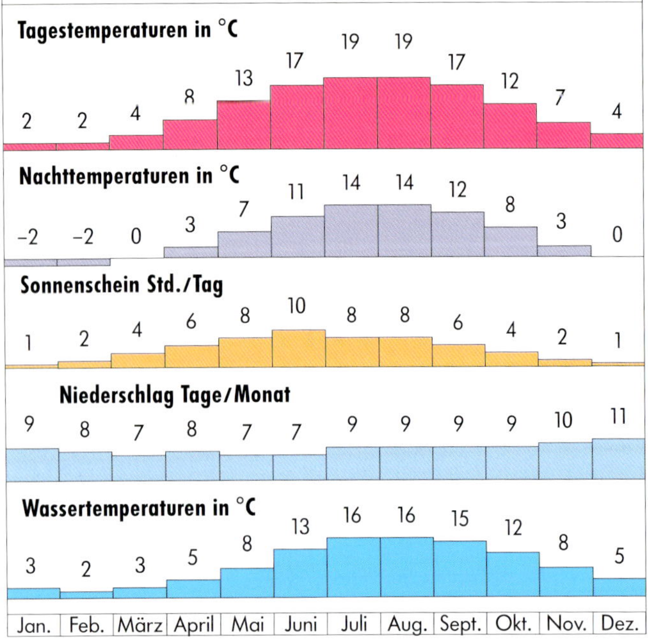

Bloß nicht!

Tips, die Sie vor ärgerlichen Erfahrungen auf Rügen bewahren sollen

Angeln
Angeln Sie bloß nicht ohne Fischereischein und Angelberechtigung! Das Angeln ohne Fischereischein gilt als Ordnungswiedrigkeit, das Angeln ohne Angelschein dagegen ist handfester Diebstahl, der als Straftat verfolgt wird.

Aussichten
Lassen Sie sich bloß nicht mit tausend anderen im Sommer zum Königsstuhl schieben! Der Blick auf die Ostsee ist vom Hochuferweg (Viktoria-Sicht oder Wissower Klinken) genauso gut, dazu sparen Sie das Eintrittsgeld für die Plattform. Am eindrucksvollsten präsentiert sich der Königsstuhl vom Strand oder einem Fischerboot von See aus.

Bernstein
Gelbbraune Kieselsteine oder abgeschliffene braune Glasscherben sehen oft wie Bernstein aus. Ob ihr Strandfund wirklich Bernstein ist, läßt sich rasch feststellen: Durch Reiben an einem Kleidungsstück lädt sich Bernstein im Gegensatz zum Kieselstein oder Glas elektrostatisch auf und zieht Papierschnitzel an. Bei kleinen Stücken haben Sie jedoch selten Erfolg, hier hilft eine andere Probe: zwei Eßlöffel Kochsalz in einem Glas Leitungswasser auflösen – Bernstein schwimmt wegen seiner geringen Dichte im Wasser, Kieselsteine und Glas dagegen sinken zu Boden.

Dünenschutz
Das Betreten der Dünen ist verboten, nur auf den angelegten Wegen dürfen sie überquert werden. Die Dünen sind das erste Bollwerk gegen Sturmhochwasser, der Strandhafer festigt sie. Strafen riskiert, wer Burgen in den Dünen baut. Der Mindestabstand hierfür muß zum Dünenfuß 3 m betragen.

Leichtsinn
Die Boddengewässer werden von Seglern aus dem Binnenland oft unterschätzt. Vor allem auf dem 514 km² großen Greifswalder Bodden brist es schnell auf. Die entstehenden hohen Wellen haben schon manchen Segler oder Paddler in Lebensgefahr gebracht. In solchen Fällen schnellstens das dem Wind zugekehrte Ufer oder einen geschützten Hafen aufsuchen. Und in Zukunft den Rat der Insider befolgen: Ohne Kenntnis der Wettervorhersage nicht auslaufen!

Mücken
Manch lauer Sommerabend kann durch die kleinen Quälgeister vermiest werden, vor allem auf

Hiddensee; gut beraten ist, wer Mückenschutzmittel zur Hand hat.

Naturschutz
Meerkohl, Stranddistel und Orchideen üben auf viele einen magischen Reiz aus. Finger weg! Diese wildwachsenden Pflanzen stehen unter Naturschutz und dürfen weder ausgegraben noch ausgerissen werden. Wer mit Naturschützern keine Unannehmlichkeiten haben möchte, sollte während der Brutperiode den Horsten von Greifvögeln nicht zu nahe kommen. Schon bei geringen Störungen verlassen diese nämlich das Gelege. Das Bundesnaturschutzgesetz verbietet auch das Betreten der Brutgebiete und der Sammelplätze von Kranichen. Tabu sind die Vogelschutzgebiete: die Fährinsel vor Hiddensee, die Insel Heuwiese südlich von Ummanz, die Insel Beuchel in der Neuendorfer Wiek und der Gellen von Hiddensee. Ohne Genehmigung darf auch nicht die Insel Vilm mit dem Boot angelaufen werden. Im Nationalpark Jasmund ist der Mensch Gast der Natur. Nationalparkranger achten streng auf die Einhaltung der Schutzvorschriften, dazu gehört, daß Tiere nicht beunruhigt oder gar getötet und Wege nicht verlassen werden. Nicht erlaubt ist z.B. auch lautes Radiospielen.

Reservierung
In den Sommer-Ferienwochen empfiehlt es sich, nicht ohne vorherige Zimmerreservierung anzureisen. Im Juli und August mußte schon mancher die Nacht im Auto verbringen, weil er (besonders an den Wochenenden) vergeblich ein Quartier suchte. Wer sich tagsüber am Strand aufhält oder die Sehenswürdigkeiten der Insel entdecken will, sollte auf keinen Fall Vollpension buchen. Gaststätten gibt es überall reichlich.

Sonnenbrand
Stundenlanges »Braten« in der Sonne führt zu Sonnenbrand und erheblichen gesundheitlichen Schäden. Der oft kühle Wind am Strand verhindert den Wärmestau und läßt die UV-Einwirkung nicht spüren. Wer im Juni und Juli zwischen 10 und 14 Uhr an den Strand geht, sollte sein erstes Sonnenbad nicht über 35 Min. ausdehnen, das zweite kann schon um die Hälfte länger dauern. Trotzdem: Immer ist Vorsicht geboten, vor allem, wenn ein kühlender Wind weht.

Steilufer
Gefährlich sind Wanderungen auf Jasmund nach Winterende unterhalb der Steilküste. An den durchgefeuchteten Kreidehängen kommt es oft zu Abstürzen von Uferpartien und Steinschlag. Kopf und Kragen riskiert, wer sich beispielsweise am Kap Arkona zu nahe an den Rand des Steilufers wagt oder Kletter- und Rutschpartien unternimmt. Sturm und Regen nagen unaufhörlich am Kliff.

Strudel
An vielen Stellen bilden sich gefährliche Strudel, entsprechende Hinweise unbedingt ernst nehmen! Beispielsweise darf deshalb der Buskam vor Göhren nicht angeschwommen werden, und auch das Baden am idyllischen Südperd von Thiessow ist nicht erlaubt.

Reiseatlas Rügen

Die Seiteneinteilung für den Reiseatlas finden Sie auf dem hinteren Umschlag dieses Reiseführers

A
B
C
1
2 km
2
OSTSEE
3
4
5
6
Toter Kerl
Swantiberg 66
Enddorn
Tiefenufer
Bakenberg 73
Dornbusch
Grieben
Altbessin
Neubessin
L
Hucke
Kloster
Schafort
Harte Ort
Vitter
Möwenort
Tedingsinsel
Lange Ort
Vitter
Hahnentief
Schaar
Bucht
Vitte
Bodden
Insel Hiddensee
Fähr-insel
Trog
Steinort
Seehof
Stolper Haken
Hassenort
Soltenorts Haken
Vaschenort
Neuendorf
Plogshagen
Schaproder
Fischerhaken
Schwarzer Peter
Bodden
Stein
110
106

D
E
F
108
Bakenberg
Nonnevitz
Kreptitz
Gramtitz
Starrvitz
Lancken
Kuhle
Banz
Buhrkow
Gudderi
Axels Höhe
Goos
Varnowsteine
Lüttkevitz
Drankske Hof
Dranske
Rehbergort
Grüner Grund
Wieker
Bodden
Lanckensburg
Wiek
Zürkvitz
Lobkevitz
Bohlendorf
Wittow
Bunker
Biewser Haken
Rennort
Eckort
Bischofsdorf
Parchow
Schma
Buger Bodden
Woldenitz
Kamminer Fähre
Woldenitzer Haken
Fischerhaken
Fährhof
Kontoper Haken
Neubessin
Vitte–Wiek 1¼ h
Wittower Fähre
Füsing
Fährort
Rassower Strom
Fährhaken
Breetzer
Bodden
Libnitzer Ort
Breetz
Vaschvitz
Fischersiedlg.
Moritzhage
Dwarsdorf
Mövenort
Neuenk
Beuchel
Land-
NSG
Reet
Poggenhof
Neuholstein
Granskevitz
Holstenhagen
Libnitz
Tribkevitz
Retelitz
Lehsten
Renz
Trent
Jabelitz
Neuendorfer Wiek
Zubzow
Zaase
Udars
Ganschvitz
Fuchsberg
Bauerhof
Schaprode
Garditz
Streu
Ganscower Haidemu Wald
Kuckelvitz
111
107
Busensolt
1
2
3
4
5
6

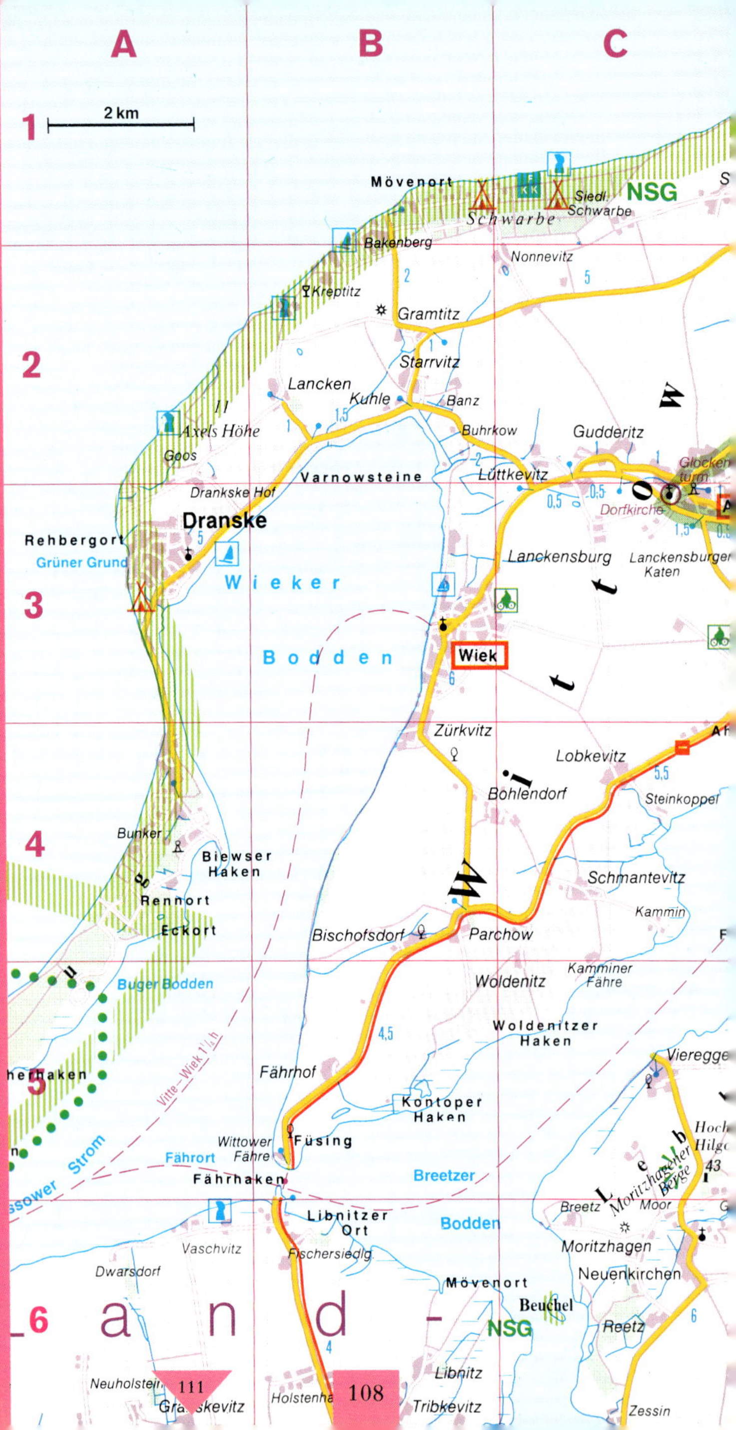

A
B
C
1
2
3
4
5
6
2 km
Mövenort
Schwarbe
Siedl. Schwarbe
NSG
Bakenberg
Nonnevitz
Kreptitz
Gramtitz
Starrvitz
Lancken
Kuhle
Banz
Buhrkow
Gudderitz
Axels Höhe
Goos
Varnowsteine
Lüttkevitz
Glockenturm
Dorfkirche
Drankske Hof
Dranske
Rehbergort
Grüner Grund
Lanckensburg
Lanckensburger Katen
Wieker
Bodden
Wiek
Zürkvitz
Lobkevitz
Bohlendorf
Steinkoppel
Bunker
Biewser Haken
Rennort
Eckort
Schmantevitz
Kammin
Bischofsdorf
Parchow
Woldenitz
Kamminer Fähre
Buger Bodden
Woldenitzer Haken
Vieregge
Vitte–Wiek 1½ h
Fährhof
Kontoper Haken
Wittower Fähre
Füsing
Fährort
Fährhaken
Breetzer
Bodden
Moritzhagener Berge
Breetz
Moor
Libnitzer Ort
Vaschvitz
Fischersiedlg.
Moritzhagen
Neuenkirchen
Dwarsdorf
Mövenort
Beuchel
NSG
Reetz
a n d -
Neuholstein
Holstenha
Libnitz
Tribkevitz
Zessin
W i t t o w
111
108

D
E
F
1
2
3
4
5
6
Gellort
Hohe Dielen
37
Arkona
Kap
Arkona
Höllenliet
NSG
Jaromarsburg
46
Arkonariff
Varnkevitz
Putgarten
1,5
hwarbe
Klüsser
Berge
32
Vitt
Mattchow
Fernlüttkevitz
4,5
37 Goor
Goorer
Berg
Riesenberg
Großsteingrab
Wollin
Nobbin
Zühlitz
OSTSEE
Presenske
Reidervitz
tenkirchen
Drewoldke
Juliusruh
Breege
Saalsteine
enshorn
Tromper Wiek
Schaabe
Forst
Werder
Kegelinberg
10
Gelmer
Ort
Gelm
Kleiner
Ort
kenhagen
Lebbiner
Haken
NSG
Großer
Ort
Schaabebucht
Hüttebucht
Königshörn
Glowe
Spyckersch
Weddeort
Klein
Gelm
NSG
Mittelsee
ebbin
Liddower
Haken
Grubnow
Liddow
Liddow
Liddower Strom
Wallerort
NSG
Kuschwitzer
Haken
Großer Jasmunder Bodden
Laase
Reddelin
Tetzitzer
See
Banzelvitzer
Berge
Natur-
109
113

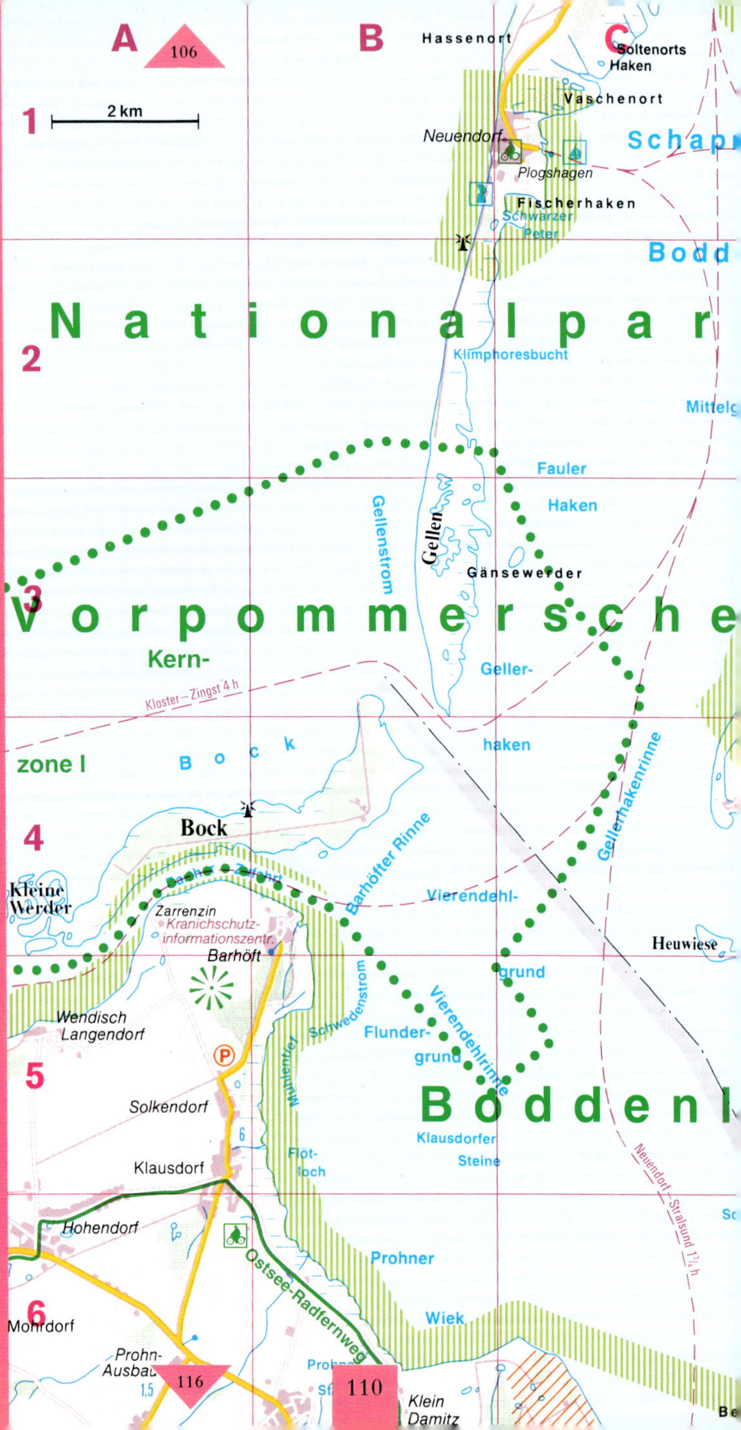
A
106
B
C
1
2 km
Hassenort
Soltenorts Haken
Vaschenort
Neuendorf
Plogshagen
Schap
Fischerhaken
Schwarzer Peter
Bodd
2
Nationalpar
Klimphoresbucht
Mittelg
Fauler Haken
Gellenstrom
Gellen
Gänsewerder
3
Vorpommersche
Kern-
Geller-
haken
Kloster – Zingst 4 h
zone I
Bock
Bock
4
Gellernakenrinne
Barhöfter Rinne
Kleine Werder
Bacher Zufahrt
Zarrenzin
Kranichschutz-informationszentr.
Vierendehl-grund
Heuwiese
Barhöft
Schwedenstrom
Vierendehlrinne
Wendisch Langendorf
Flunder-grund
5
Mühlentief
Solkendorf
Boddenl
Klausdorfer Steine
Klausdorf
Flöt-loch
Neuendorf – Stralsund 1¾ h
Hohendorf
Sc
Prohner
Ostsee-Radfernweg
6
Mohrdorf
Wiek
Prohn-Ausbau
116
110
Klein Damitz
Be

Haken
D
Poggenhof
Neuholstein
E
Granskevitz
Holstein
108
F
Libnitz
Tribkevitz
Gröthagen
Retelitz
Lehsten
Renz
Trent
Jabelitz
1
Charlottendorf
Zubzow
Zaase
oder
Udars
Ganschvitz
Schaprode
Bauerhof
Steinort
Garditz
Streu
Öhe
Ganschvitzer
Haidemühl
Wald
Büsensolt
k
Schafshorn
Udarser
Wiek
Freesen
2
und
Gahlitz
Gahlitzer Strom
Naturpark
Tankow
Koselower See
Schabisort
Haide
Rügen
Böschow
Teschvitz
Ummanz
Mahrens
Urkevitz
Wittenberger Strom
Cavelin
K
3
Schafort
Kapeller
See
Liebes
Kapelle
Gingst
Suhrendorf
Waase
Ambracke
Großer
Haken
Klein
Kapelle
Handwerksm
Dorfkirche, M
Plastik
Wusse
Pahler
Haken
Varbelvitzer
Bodden
Volsvitz
Varbelvitz
Rattelvitz
Haidhof
Güstin
Mursewiek
Dubkevitz
Ummanz
R
Steinsh
Breite
Groß
Kubitz
4
Lieschow
Klucksevitz
Klein
Kubitz
Lieschow
Lüßvitz
Unrow
Moordorf
Bußvitz
5
Landower
Wedde
andschaft
Landow
Kubitzer
Liebitz
Ralow
warzer Strom
Bodden
Dußvitz
Rugenhof
Priebowsche
Wedde
Neuendorfer
Kate
6
Dönkvitz
111
117
siner

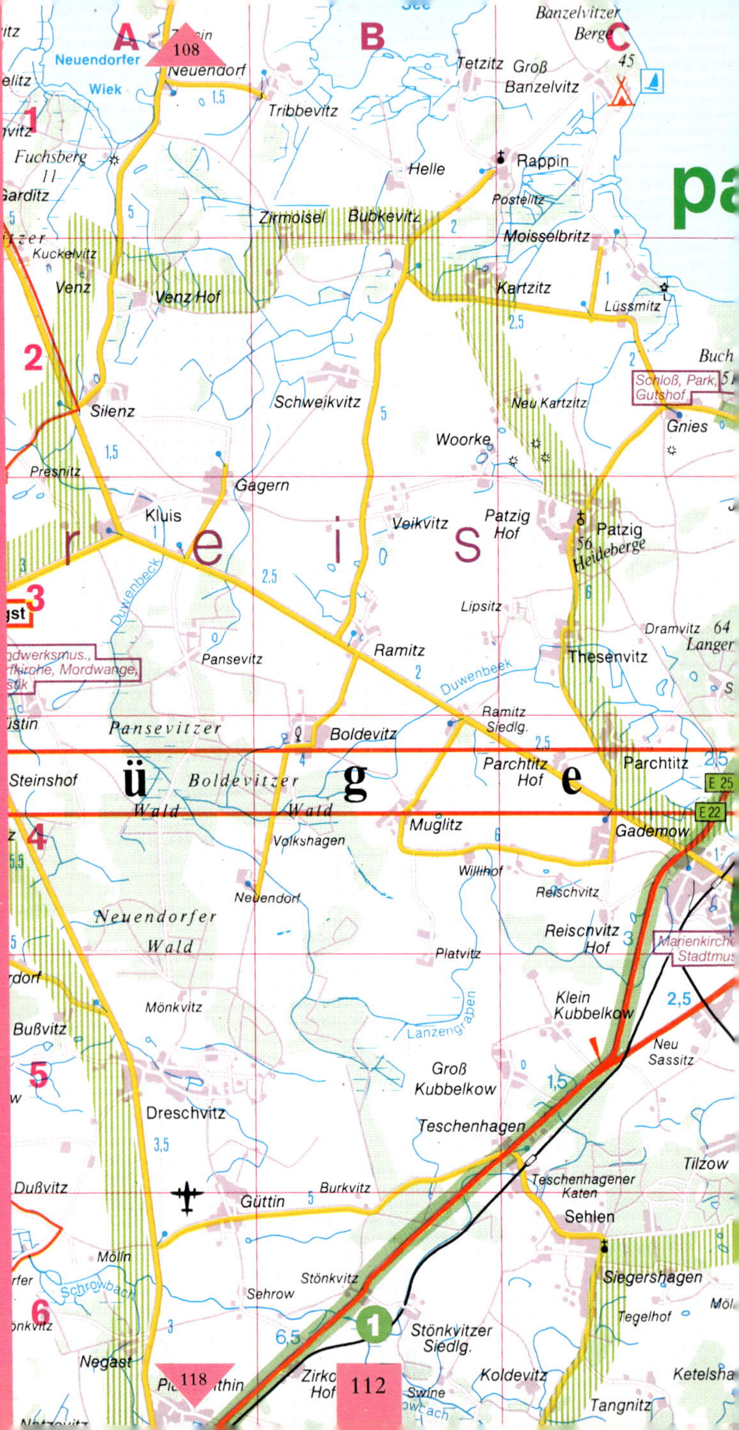

A
B
C
108
Neuendorfer
Wiek
Neuendorf
Tribbevitz
Tetzitz
Groß
Banzelvitz
Banzelvitzer
Berge
45
Fuchsberg
11
Garditz
Helle
Rappin
Postelitz
Zirmoisel
Bubkevitz
Moisselbritz
Kuckelvitz
Venz
Venz Hof
Kartzitz
Lüssmitz
Buch
Schloß, Park,
Gutshof
1
2
3
4
5
6
Silenz
Schweikvitz
Neu Kartzitz
Gnies
Woorke
Presnitz
Gagern
Kluis
Veikvitz
Patzig
Hof
Patzig
56
Heideberge
Duwenbeck
Lipsitz
Dramvitz
64
Langer
Pansevitz
Ramitz
Thesenvitz
Duwenbeek
Ramitz
Siedlg.
Pansevitzer
Boldevitz
Parchtitz
Hof
Parchtitz
Steinshof
Boldevitzer
Wald
Wald
Muglitz
Gademow
E 25
E 22
Volkshagen
Willihof
Neuendorf
Reischvitz
Neuendorfer
Wald
Reischvitz
Hof
Platvitz
Marienkirche
Stadtmus
Mönkvitz
Klein
Kubbelkow
Bußvitz
Lanzengraben
Neu
Sassitz
Groß
Kubbelkow
Dreschvitz
Teschenhagen
Tilzow
Teschenhagener
Katen
Dußvitz
Burkvitz
Güttin
Sehlen
Mölln
Siegershagen
Stönkvitz
Schrowbach
Sehrow
Tegelhof
Stönkvitzer
Siedlg.
Negast
118
Zirkow
Hof
112
Koldevitz
Swine
Ketelsha
Tangnitz

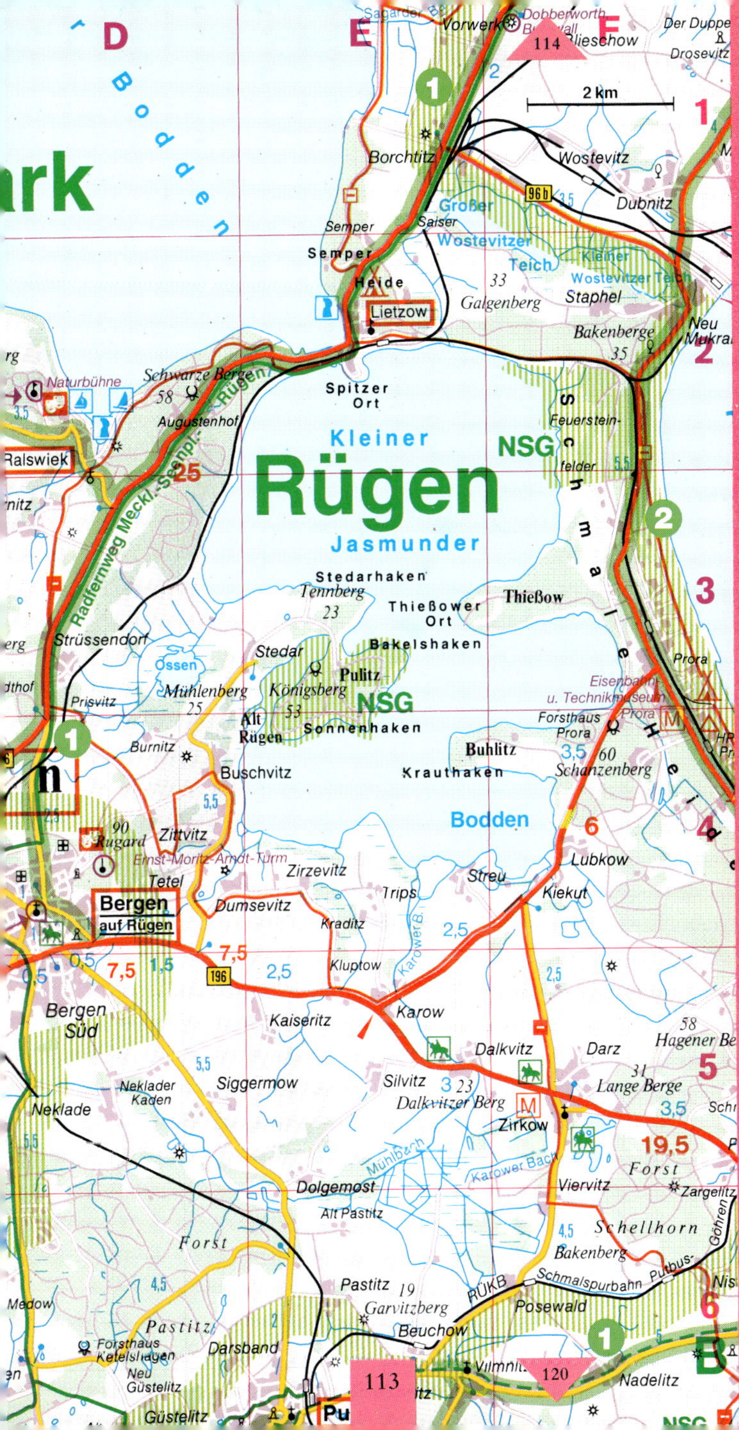

D
E
F
114
Vorwerk
Dobberworth
Lieschow
Der Duppe
Drosevitz
2 km
1
Borchtitz
Wostevitz
96 b
Dubnitz
Großer
Wostevitzer
Teich
Kleiner
Wostevitzer Teich
Semper
Saiser
Heide
Lietzow
33
Galgenberg
Staphel
Bakenberge
35
Neu
Mukran
2
Schwarze Berge
58
Augustenhof
Naturbühne
Ralswiek
Radfernweg Meckl.-Seenpl.-Rügen
25
Spitzer
Ort
Kleiner
Rügen
Jasmunder
NSG
Feuerstein-
felder
Schmale Heide
Stedarhaken
Tennberg
23
Thießower
Ort
Thießow
3
Strüssendorf
Ossen
Stedar
Bakelshaken
Pulitz
Königsberg
Mühlenberg
25
Prisvitz
Alt
Rügen
53
NSG
Sonnenhaken
Prora
Eisenbahn
u. Technikmuseum
Forsthaus
Prora
3,5
60
Schanzenberg
Burnitz
Buhlitz
Krauthaken
Buschvitz
5,5
Bodden
6
4
90
Rugard
Zittvitz
Ernst-Moritz-Arndt-Turm
Lubkow
Tetel
Zirzevitz
Trips
Streu
Kiekut
Bergen
auf Rügen
Dumsevitz
Kraditz
2,5
Karower B.
7,5
0,5
1,5
Kluptow
196
2,5
2,5
Bergen
Süd
Kaiseritz
Karow
58
Hagener Berge
Dalkvitz
Darz
5
5,5
31
Lange Berge
Neklader
Kaden
Siggermow
Silvitz
3
23
Dalkvitzer Berg
Zirkow
3,5
Neklade
5,5
19,5
Mühlbach
Karower Bach
Forst
Dolgemost
Viervitz
Zargelitz
Alt Pastitz
Forst
4,5
Schellhorn
Göhren
Bakenberg
Pastitz
19
Schmalspurbahn
Putbus-
RüKB
Garvitzberg
Posewald
Medow
4,5
Pastitz
Beuchow
Forsthaus
Ketelshagen
Darsband
113
Vilmnitz
120
Nadelitz
Neu
Güstelitz
Güstelitz
NSG

A
B
C
109
1
2
3
4
5
6
Königshörn
Glowe
Hüttebucht
Klein Gelm
NSG
Waller Ort
Kluckow
Wulf
Uferkaten
Swentekahs
Ruschvitz
Bisdamitzer Bach
Bisdamitz
Kampe
94
Babelonberg
Baldereck
Spyckerscher See
Weddeort
Mittelsee
Spycker
Schloß Spycker
Bobbin
Tieschower Bach
Polkvitz
Polchow
56
Bussinsche Berge
Rachenberg
Marlow
Neuhof
Marlower Bach
Sagard
Sagarder Bach
Vorwerk
Dobberworth Burgwall
Jasmunder Bodden
Natur-
park
Borchtitz
Semper
Großer Wostevitzer Teich
Saiser
33
Galgenberg
Heide
Lietzow
45
Lüssmitz
Buchberg
Schloß, Park, Gutshof
51
Naturbühne
Gnies
Ralswiek
Schwarze Berge
58
Augustenhof
Rügen
Radfernweg Meckl. Seenpl. - Rügen
25
Spitzer Ort
Kleiner Jasmunder
Bodden
Jarnitz
Patzig
Dramvitz
64
Langer Berg
Strüssendorf
Stadthof
Prisvitz
Ossen
Mühlenberg
25
Burnitz
Buschvitz
Stedar
Alt Rügen
Königsberg
53
Pulitz
Sonnenhaken
Stedarhaken
Tennberg
23
Thießower Ort
Thießow
Bakelshaken
Buhlitz
Krauthaken
Forsthaus Prora
Parchtitz
96
96b
E 251
E 22
Gademow
113
114
90
Rugard
Zitt

D
E
F
1
2
3
4
5
6
Höllgrund
Lohme
Hankenufer
Ranzow
Blandow
Salsitz
Stubbenhörn
Große Stubbenkammer
Königsstuhl
Kleine Stubbenkammer
Hertha-see
Giegnitz
Baumhaus Schwierenz
Aser Ort
Kollicker Ort
Nipmerow
Hagen
Baumhaus Hagen
Nationalpark
Jägerhof
Holzkoppel
Stubnitz
Kollicker Ort
Kollicker Ufer
Kieler Ufer
Kieler Fährmitzer Ufer
Poissow
Gummanz
Piekberg 161
Kieler Kämme
Kieler Bach
Forstkaten Barrten
Neddesitz
asmund
Klein Volksitz
Groß Volksitz
Rusewase
Promoisel
Trenzer Berg 151
Tipper Ort
Boner Berg 147
Steinbach
Waldhalle
Wissower Klinken
92 Bickbeerberg
Jasmund
Werder
Wissower Ufer
Mönkendorf
Dargast
Buddenhagen
Hengst
Quatzendorf
Lenzberg 102
Klementelvitz
Lancken
Berliner Meckl.-Seenpl.-Rügen
E 22
E 251
96
2,5
Bach-promenade
Findling
Der Dupperworth
Drosevitz
Dwasieden
Mole
SASSNITZ
Mukran
Dubnitz
Fährhafen Sassnitz
Neu Mukran
Eisenbahnfähre mit Autotransport Trelleborg 4 h
Rønne (Bornholm) 3½ h
Klaipėda 19 h
Eisenbahnfähre mit Autotransport
Świnoujście 4 h
OSTSEE
Prorer Wiek
Prora
Prora
HP Prora Ost
2 km
115
121

A
B
C
110
Wiek
Radfernweg
Prohner Stausee
Klein Damitz
Prohn
Groß Damitz
Muuks
Sommerfeld
Bessiner Haken
Parower Haken
Kramerhof
Parow
Großer Stromrücken
Preetz
Klein Kedingshagen
Drewshof
Schmedshagen
Rauher Berg
Groß Kedingshagen
Knieper West
Knieper Nord
Kniepertor, Johanniskloster, Dielenhaus, Nikolaikirche, Rathaus
STRALSUND
Stralsunder Fahrwasser
Gelbes Ufer
Altef
Barnk
Poppe
Klein Kordshagen
Vogelsang
Tierpark Moorteich
Hafenrinne
Rügendamm
Jakobik.
Hl. Geist-Hosp.
Ziegelgraben
Frankenteich
Freienlande
Grüntal
Grünhufe
E 22
105
Volkswerft Stralsund
Tribseer Siedlg.
Stadtmauer, Kampischer Hof, Kütertor, Ethnographische Ausstellung, Katharinenkloster, Kulturhistorisches Mus., Meeresmus., Marienkirche
Putter See
Langendorf
Lüssower Berg
Frankensiedlung
Kleiner Stromrücken
Andershof
Lüssow
194
Groß Lüdershagen
Voigdehagen
E 251
Borgwallsee
Neu Lüdershagen
Deutsche Alleenstraße
Zitterpenningshagen
Teschenhagen
Pennin
Negast
Wendorf
Radfernweg Meckl.-Seenplatte-Rügen
Seemühl
Lüdershagen Kolonie
Krummenhagener See
NSG
Zarrendorf
Neu Ahrendsee
Krummenhagen Forst
Steinhagen
Krummenhagen
116
Elmenhorst Dorf
1
2
3
4
5
6

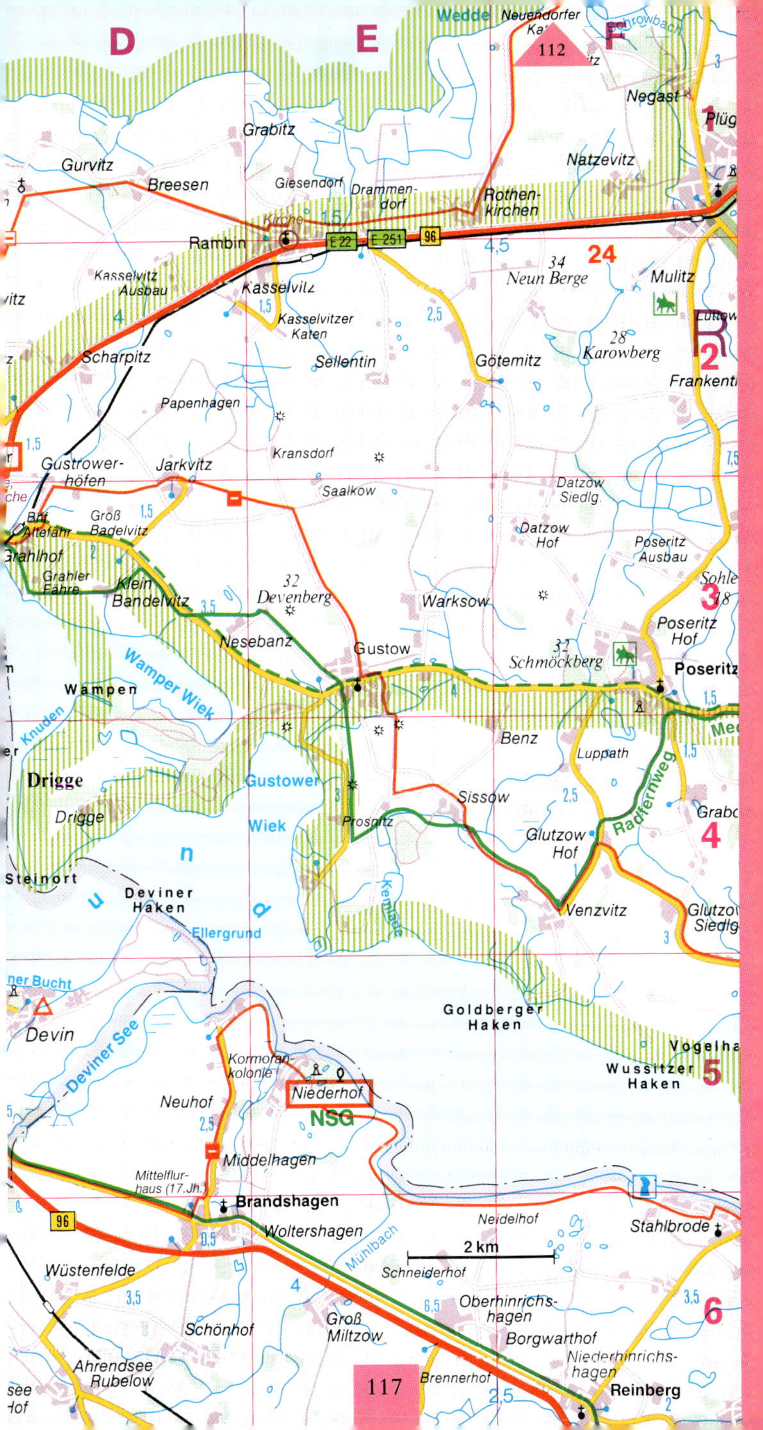

D
E
F
112
Wedde
Neuendorfer
Negast
1
Plüg
Grabitz
Gurvitz
Breesen
Giesendorf
Drammen-
dorf
Natzevitz
Rothen-
kirchen
Kirche
Rambin
E 22
E 251
96
24
34
Neun Berge
Mulitz
Kasselvitz
Ausbau
Kasselvitz
Kasselvitzer
Katen
Sellentin
Götemitz
28
Karowberg
2
Frankent
Scharpitz
Papenhagen
Kransdorf
Gustrower-
höfen
Jarkvitz
Saalkow
Datzow
Siedlg.
Groß
Badelvitz
Altefähr
Grahlhof
Grahler
Fähre
Datzow
Hof
Poseritz
Ausbau
Sohle
3
Klein
Bandelvitz
32
Devenberg
Warksow
Nesebanz
Gustow
32
Schmöckberg
Poseritz
Hof
Poseritz
Wamper Wiek
Wampen
Knuden
Benz
Luppath
Drigge
Drigge
Gustower
Wiek
Sissow
Prosnitz
Radfernweg
Glutzow
Hof
4
Grabo
Steinort
Deviner
Haken
Ellergrund
Kernlaue
Venzvitz
Glutzow
Siedlg.
Devin
Deviner See
Goldberger
Haken
Vogelha
Kormoran-
kolonie
Wussitzer
Haken
5
Niederhof
NSG
Neuhof
Middelhagen
Mittelflur-
haus (17.Jh.)
Brandshagen
Woltershagen
Neidelhof
Stahlbrode
96
2 km
Wüstenfelde
Mühlbach
Schneiderhof
Oberhinrichs-
hagen
6
Schönhof
Groß
Miltzow
Borgwarthof
Ahrendsee
Rubelow
Niederhinrichs-
hagen
117
Brennerhof
Reinberg

A
B
C
Stönkvitz
Sehrow
112
Stönkvitzer Siedlg.
Siegershagen
Tegelhof
Mölln Medow
Plüggenthin
Zirkow Hof
Koldevitz
Swine
Schrowt ach
Ketelshagen
Tangnitz
Samtens
Bietegast
Karnitz
Tamsenberg 44
Alt Güstel
Kransewitz
Heidenfelde
Klein Kniepow
Groß Kniepow
NSG
Lanschvitz
Tolkmitz
Dumgenevitz
Dumrade
Neu Lanschvitz
Kasnevitz
Lüttow
Rügen
Fuchsberge 26
Buschof
Berglase
Frankenthal
Gützlaffshagen
Kanonenberg
Kowall 34
Alt Lanschvitz
Neuhof
Strachtitz
Krimvitz
Klein Stubben
Altkamp
Garz/Rügen
12 Jakobsberg
Groß Stubben
Deutsche Alleenstraße
Rosengarten
Litzenhagen
Sohleberg 18
Zeiten
Garzer See
Wendorf
Poseritz Hof
Wulfsberg
Renz
Burg und Burgwall, Ernst-Moritz-Arndt-Mus., Bürgerhäuser, Stadtkirche, Sockelesche, „Rotbart"-Stift
Poseritz
Dumsevitz
Meckl.-Seenpl.-Rügen
Swantow
Schabernack
Neparmitz
Puddemin
Silmenitz
Grabow
Mellnitz
Groß Schoritz
Puddeminer Wiek
Glutzow Siedlg.
Schoritzer Wiek
Buhse
Klein Schoritz
Uselitz
Heidekaten
Foßberg
Tannenort
Zudar
NSG
Glewitzer Wiek
Freudenberg
Tollow
Zicker
Vogelhaken
Glewitzer Ort
Glewitz
Losentitz
Smitershagen
Poppelvitz
23 Teufelsberg
25 Schusterberg
Maltzien
Zudar
Glewitzer Fähre
Liner Ort
Gosehaken
Grabow
2 km
Palmer Ort
Mittelgrund
Palmer Ort-Rinne
Falkenhagen

120
D
E
F
Pastitz
19
Garvitzberg
Beuchow
RÜKB
Schmalspurbahn
Posewald
Nistelitz
Pastitz
Darsband
Neu Güstelitz
Güstelitz
Putbus
Lonvitz
Vilmnitz
Nadelitz
Kl. Stresow
Groß Stresow
NSG
Wobbanz
Freetz
Lauterbach
Kollhof
Muglitz
Stresower Buc
Werft
Mittel-schaar
NSG
Muglitzer Ort
Neuendorf
Großer Haken
Wreechen
Wreechen-see
NSG
St. Rochus Damm
38
Grüner Berg
Insel Vilm
Kochufer
NSG
Vilm
Glowitz
Neukamp
Waschstein
Steinriff
Kleiner Haken
Vilm
Scheibe
Schneider
Trendel-riff
Vilm-
grund
Rügischer Bod
OSTSEE
Greifswalder Bodden
Lubmin
1
2
3
4
5
6

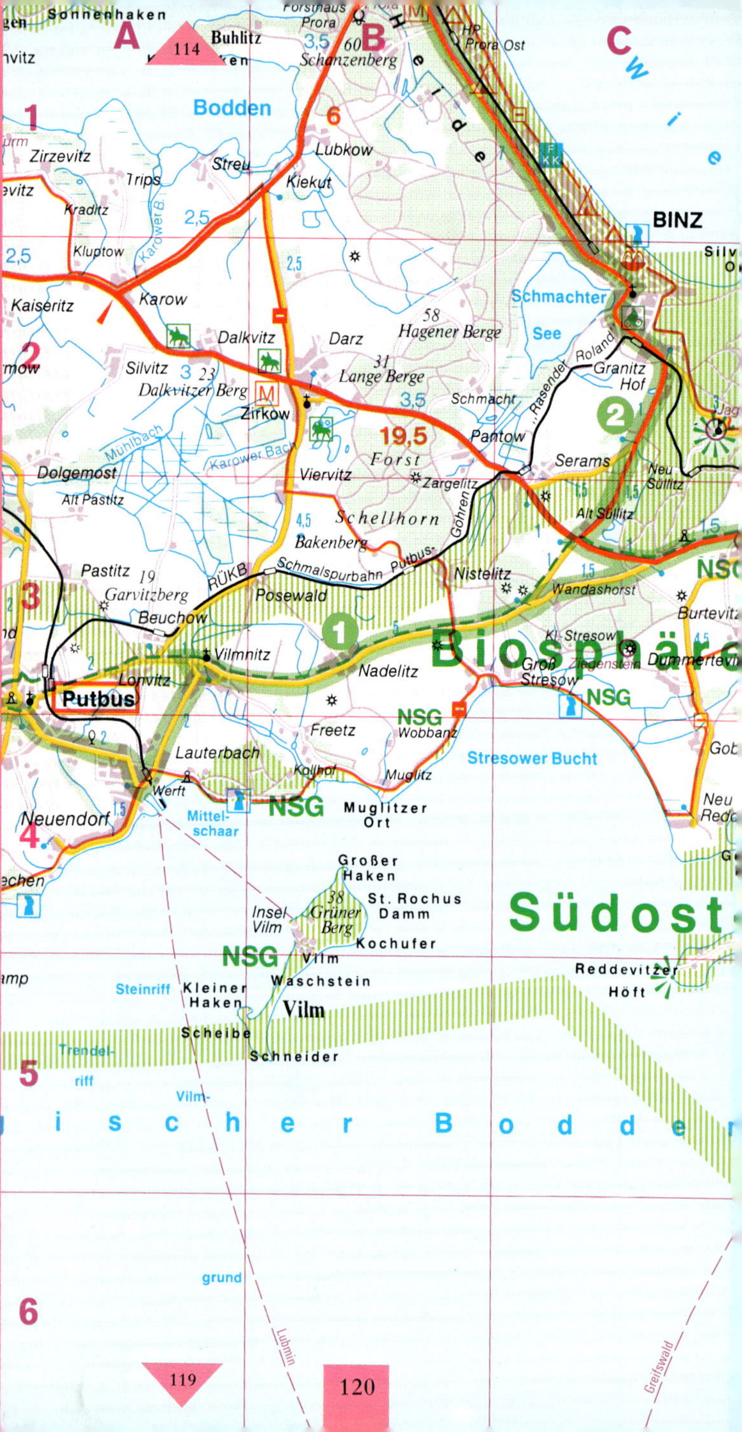

A
B
C
1
2
3
4
5
6
114
119
Sonnenhaken
Buhlitz
Forsthaus Prora
Schanzenberg
HP Prora Ost
Bodden
Heide
Wie
Zirzevitz
Streu
Lubkow
Trips
Kiekut
Kraditz
Karower B.
Kluptow
BINZ
Kaiseritz
Karow
Schmachter See
Hagener Berge
Dalkvitz
Darz
Roland
Silvitz
Dalkvitzer Berg
Lange Berge
Granitz Hof
Rasender
Zirkow
Schmacht
Mühlbach
Karower Bach
19,5
Forst
Pantow
Serams
Dolgemost
Viervitz
Zargelitz
Neu Süllitz
Alt Pastitz
Alt Süllitz
Schellhorn
Göhren
Bakenberg
Pastitz
Garvitzberg
RÜKB
Schmalspurbahn Putbus-
Nistelitz
Posewald
Wandashorst
Beuchow
Burtevitz
Kl. Stresow
Vilmnitz
Biosphäre
Nadelitz
Groß Stresow
Ziegenstein
Dummertevitz
Lonvitz
Putbus
NSG
Wobbanz
Freetz
Stresower Bucht
Lauterbach
Kollhof
Muglitz
Werft
Mittelschaar
Muglitzer Ort
Neuendorf
Neu Reddevitz
Großer Haken
St. Rochus Damm
Insel Vilm
Grüner Berg
Kochufer
Südost
Vilm
Reddevitzer Höft
Steinriff
Kleiner Haken
Waschstein
Scheibe
Schneider
Trendelriff
Vilm-
ischer Bodden
grund
Lubmin
Greifswald

D
E
F
1
2
3
4
5
6
2 km
Seehundsriff
Granitzer Ort
Schanzenort
Quitzlasriff
Granitz
85
Frankenberge
NSG
Quitzlaser Ort
Schmalspurbahn Putbus-Göhren
Deutsche Alleenstraße
Sellin
Bliesschow
196
Garftitz
Dorfkirche
Lancken-Granitz
Altensien
Selliner See
RÜKB
Neuensiener See
Zarnekow
Neuensien
Moritzdorf
Baabe
Baaber Heide
Göhren
Findling
Seebrücke
Nordperd
Preetz
Seedorf
Sandorf
Weißer Berg
Plansberg
58
Baaber Rinne
Herzogsgrab
Mönchgut
Hügelgrab
Having
Alt Reddevitz
Mariendorf
Philippshagen
Middelhagen
Mönchguter Museumshof, Mönchguter Heimatmus.
Schalberg
Kleinhagen
Lobber Ort
Rügen
Hagensche Wiek
Lobbe
Werft
Gager
67
Bakenberg
Großer Strand
Groß Zicker
Zickersches Höft
51
Zicker-see
Kaming
Klein Zicker Ort
Zickerhörn
Saalsufer
Klein Zicker
Thiessow
Südperd
Lubmin
Thiessower Haken

LEGENDE REISEATLAS

3 10 2 73	Autobahn mit Anschlußstelle, Nummern und Kilometrierung
E 40	Kraftfahrzeugstraße / Europastraße mit Nummer
2 12 3	Bundesstraße mit Nummer und Kilometrierung
	Bundesstraße in Bau / Planung
1,5	Hauptstraße mit Kilometrierung
	Nebenstraße
	Straße in Bau / Planung
	Ortsstraße, Fahrweg
	Feld- und Waldweg
	Autofähre / Personenfähre
Hof	Sehenswerter Ort
Heimatmus.	Ausflugsziel
Bäderstraße	Touristenstraße
Saarradweg	Radwanderweg
	Hauptwanderweg
	Naturpark
	Militärisches Sperrgebiet
	Campingplatz / Jugendherberge
	Schutzhütte / Wanderparkplatz
	Krankenhaus / Kloster
	Aussichtsturm / Turm
	Sendeturm / Leuchtturm
	Sendeturm / Leuchtturm
	Denkmal / Höhle
	Römerkastell / Hügelgrab
	Gasthaus / Forsthaus
	Kirche / Kapelle
	Burg, Schloß
	Fels / Burg-, Schloß-ruine
	Windmühle / Wassermühle
	Staudamm
	Freibad
	Hallenbad
	Meerwasserhallenbad
	Wellenhallenbad
	Segelbootverleih
	Wasserski
	Windsurfingschule
	Badestrand
	Golfplatz
	Minigolf
	Zoo
	Wildgehege
	Fahrradverleih
	Grillplatz
	Reithalle, Reithof
	Kurhaus
	Freilichttheater
	Freilichtmuseum

2 km

In diesem Führer finden Sie alle in diesem Führer erwähnten Orte, Sehenswürdigkeiten und Ausflugsziele sowie wichtige Sachbegriffe und Persönlichkeiten. Halbfette Seitenzahlen verweisen auf den Haupteintrag, kursive auf ein Foto.

Was bekomme ich für mein Geld?

In den Ostseebädern ist meist alles teurer als im Hinterland, das beginnt bei den Übernachtungspreisen und endet beim Essen. Wer preiswert wohnen möchte: Privatzimmer für zwei Personen gibt es ab 50 Mark pro Nacht. Von Mitte Okt. bis Ende März (mit Ausnahme Weihnachten, Neujahr) bieten zahlreiche Hotels das Doppelzimmer für 2 Personen mit Frühstück für nur 99 Mark an. Nicht vergessen werden sollte bei der Finanzplanung die Kurtaxe, die in der Saison im Höchstfall 4,50 Mark pro Tag beträgt. Tagesbesucher der Insel Hiddensee zahlen von Mai bis Sept. eine Kurabgabe von 3 Mark (Okt. bis April 2 Mark), die mit dem Fährpreis kassiert wird. Die Strandkorbvermieter verlangen pro Korb und Tag zwischen 6 und 12 Mark. Der wunderschöne Blick vom Königsstuhl muß mit 2 Mark bezahlt werden. Das Parken des Pkw kostet am Königsstuhl in der ersten Stunde 2,50 Mark, der Höchstbetrag wurde auf 10 Mark festgelegt. Die 2-Stunden-Fahrt auf einem Fischkutter zu den Kreidefelsen kostet pro Person 15 Mark. Das für einen Tag geltende Rügen-Ticket mit einer Schiffsfahrt oder Fahrt mit der Kleinbahn kostet 24 Mark (Kinder 14,40 Mark), mit zwei Fahrten 30 Mark (Kinder 18 Mark). Für die Familienkarte (2 Erwachsene und drei Kinder bis zum 12. Lebensjahr) sind 63,40 bzw. 79 Mark zu zahlen. Auf der Wittower Fähre müssen 6 Mark für den Pkw und den Fahrer und 1,50 Mark zusätzlich pro Mitfahrer aus der Geldbörse geholt werden; das Geld kann beim Umweg über die Schaabe (auf einer sehr guten Straße) gespart werden. Die Glewitzer Autofähre (die keine Reisebusse transportiert) bringt meist Zeitgewinn, der aber bezahlt werden muß: Der Pkw bis 4 m Länge kostet einschließlich des Fahrers 7 Mark, für jeden weiteren Meter kommt 1 Mark dazu, jeder Mitfahrer hat 2 Mark zu zahlen. Karten für die Störtebeker-Festspiele auf der Ralswieker Freilichtbühne gibt es für Erwachsene ab 18 Mark, für Kinder ab 14 Mark. Wer sich 2 Std. in der Jasmund-Therme des Heigenberger-Hotels amüsieren möchte, hat 16 Mark zu zahlen, im Aquamaris-Hotel in Juliusruh sind es nur 10 Mark.